国家精品视频课程配套教材
中国情境人力资源管理理论与实务系列

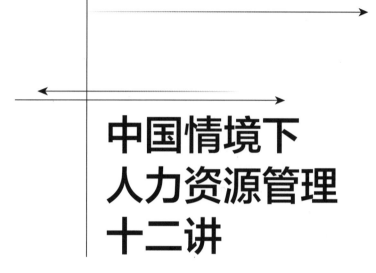

中国情境下人力资源管理十二讲

颜爱民 ◎著

北京大学出版社
PEKING UNIVERSITY PRESS

图书在版编目(CIP)数据

中国情境下人力资源管理十二讲 / 颜爱民著. —北京:北京大学出版社,2021.2
(中国情境人力资源管理理论与实务系列)
ISBN 978-7-301-29318-8

Ⅰ.①中⋯ Ⅱ.①颜⋯ Ⅲ.①人力资源管理—中国 Ⅳ.① F249.21

中国版本图书馆 CIP 数据核字(2018)第 036911 号

书　　　名	中国情境下人力资源管理十二讲
	ZHONGGUO QINGJING XIA RENLI ZIYUAN GUANLI 12 JIANG
著作责任者	颜爱民　著
策划编辑	王显超
责任编辑	王显超　翟源
标准书号	ISBN 978-7-301-29318-8
出版发行	北京大学出版社
地　　　址	北京市海淀区成府路 205 号　100871
网　　　址	http://www.pup.cn　新浪微博:@北京大学出版社
电子信箱	pup_6@163.com
电　　　话	邮购部 010-62752015　发行部 010-62750672　编辑部 010-62750667
印　刷　者	三河市北燕印装有限公司
经　销　者	新华书店
	787 毫米 ×1092 毫米　16 开本　11 印张　264 千字
	2021 年 2 月第 1 版　2021 年 2 月第 1 次印刷
定　　　价	38.00 元

未经许可,不得以任何方式复制或抄袭本书之部分或全部内容。
版权所有,侵权必究
举报电话:010-62752024　电子信箱:fd@pup.pku.edu.cn
图书如有印装质量问题,请与出版部联系,电话:010-62756370

前言
Preface

　　人力资源管理既源远流长，又新生稚嫩，这是我们各项管理工作中无法回避、需要天天面对的现实难题。许多成熟的西方人力资源管理理论和方法为何在中国实践中频频失效？中国经济的转型如何影响人力资源管理？中国的儒、道、佛文化基因对人力资源管理还会产生怎样的现实影响？能解决中国现实问题的有效人力资源管理的方法究竟是什么？"中国情境下人力资源管理"课程旨在针对中国经济、文化和制度情境特征解答上述问题，为我国人力资源管理现实难题提供解决思路。该课程配套视频作为教育部第一部遴选推介面向全球公开播放的人力资源管理方面的视频，于2013年获得国家精品视频课程荣誉称号。

　　本书作为该视频课程的配套出版物，尽可能按照课程讲授内容进行文字编纂，以便于读者在视频课程的学习过程中阅读使用。为了便于读者使用，我们在编纂过程中针对课程内容做了必要的注解，特别是为自学者以及教师使用本著作和本视频课程方便起见，尤其是为了引领学生在学习本课程中更多地培养思维能力、学术素养及创新意识，我们特意在每讲设计了"教学目标""创新性教学提示"及"本讲纲要"，并在目录中列出了每讲的"主旨"和"特别提示"，以此给读者特别提示。

本书是由我的研究生赵浩、杨玲玲、汪玉霞根据我的讲课视频和课件整理而成，最后由杨玲玲协助我统一定稿。尽管我把主要的参考文献列示于书后，但由于本书侧重于教学目标，更多的优秀研究成果是作者融会应用于课程内容之中而非直接引用，因此大量借鉴的研究成果和文献未能一一列示，特此说明。作为公开视频课程建设及配套的著作出版，我还是初次尝试，书中难免有不妥之处，希望能得到各位同人的指教。

颜爱民

2020 年 5 月 30 日

于中南大学精进轩

目录 Contents

第一讲 导入——人力资源管理渊源和发展脉络……1

主旨： 旨在纵览人力资源管理产生和发展过程，帮助读者从学科产生和发展过程中培养学术思维，形成人力资源管理的总体印象。

特别提示： 关注人力资源管理与管理学、经济学、心理学相关学科的共生性特征，用动态的思维学习和研究人力资源管理。

第二讲 中国情境下人力资源管理的研究逻辑和主要特征……17

主旨： 旨在理清学习人力资源管理的基本思路，构建中国情境下人力资源管理的学习和研究逻辑体系。

特别提示： 关注经济、文化、制度对人力资源管理的影响和作用，关注"人性"对人力资源管理学习的重要性。

第三讲 中国经济"体制转型"下的人力资源管理……33

主旨： 旨在从中国经济体制改革的大背景下理清人力资源管理市场化脉络，理解中国国企人力资源管理的特殊性，并探寻国企人力资源管理的改革走势。

特别提示： 引导读者关注和思考特有的中国国有体制特征对人力资源管理的特殊影响，提示读者从体制和组织模式角度分析人力资源管理问题。

第四讲　中国经济"发展转型"下的人力资源管理 … 49

主旨： 旨在从中国自然经济向工业经济发展的视角看中国人力资源管理的特殊性。

特别提示： 关注中国漫长农耕文明构成的人力资源管理特殊背景，引导读者开始思考在该经济背景下形成的文化体系对人力资源管理的重大影响。

第五讲　文化对人力资源管理的作用机理 …………… 61

主旨： 旨在从中国文化大背景角度分析当今中国人力资源管理问题。

特别提示： 从行为、文化对思想产生重要作用的研究逻辑入手，运用"思想域"概念帮助理解文化对人的作用机理。

第六讲　"仁"的现代人力资源管理功能 ………………… 77

主旨： 旨在用现代学术方法研究儒家思想，用严谨的数理逻辑推演和考证古代经典理论。

特别提示： 用系统论解析"天人合一"，用"天人合一"解析"仁"的本质和内涵，用"仁"解析中国古代人力资源管理的基本规则。

第七讲　"义""利"平衡的人力资源管理应用 ………… 89

主旨： 旨在从人性的高度解析"义""利"的本质和内涵，从"义""利"角度为管理者构建正确的人力资源管理思想基础。

特别提示： "利"源于人的生物属性，需求刚性大，构成行为的重要源动力，是人力资源管理的动力基础，不可忽视，难以超越。"义"源于人的社会属性，需求弹性大，为人力资源管理激励和调控空间所在，需重点关注和把控，是管理的重点。

第八讲　从"无为而治"到"无不治" …… 99

主旨：旨在从"道"的层面学习和把握管理的本质，以"循道而为"实现管理的高效。

特别提示："无为而治"是为"循道而治"，此乃中国管理之圭臬，当今许多管理问题皆源于不明此理、不循此道。

第九讲　成长型企业人力资源管理"瓶颈"突破 …… 111

主旨：旨在引领读者依据企业不同成长阶段采用不同的人力资源管理策略；初步领会解决中国情境下不同特质的民营企业人力资源管理问题的思维方法。

特别提示：成长型企业业主是人力资源管理的根本所在，关键是解决企业主在不同企业发展阶段的人力资源管理观念问题。

第十讲　如何提升团队凝聚力 …… 125

主旨：旨在将人力资源管理聚焦于带好小团队上，训练学生综合运用人力资源管理原理解决人力资源管理核心实务问题。

特别提示："行有不得，反求诸己"，团队领导者提升自身素养才是团队建设的真正核心。

第十一讲　高层管理团队统御之道 ························· 139

主旨： 旨在帮助董事长和 CEO 驾驭高管团队，提供正确的思想方法和主要原则；帮助高层管理者从根本上掌握团队统御之道，由"道"驭"术"，进而掌控好整个组织的运转。

特别提示： 高层管理团队统御之本是核心领导者的心性境界，心境高方能统御有道、得心应手。

第十二讲　治心——中国人力资源管理总枢 ············ 155

主旨： 旨在帮助读者从中国哲学的源头"治心"来把握人力资源管理的根本，是本课程的归根之作和升华之章。

特别提示： "治心"为中国古典人力资源管理奥妙所在，"心"可谓"致广大而尽精微，极高明而道中庸"，其内涵深刻，望读者深入探究。

参考文献 ··· 169

第一讲

导入——人力资源管理渊源和发展脉络

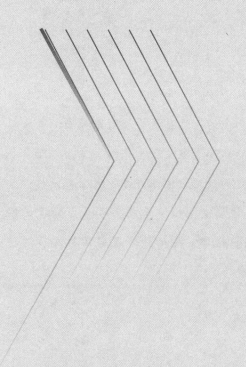

教学目标

- 了解人力资源管理学科的发展脉络
- 重点掌握人力资源管理的交叉性和综合性特征
- 学习人力资源管理的思维方法

创新性教学提示

- 将人力资源管理置身于管理学科体系背景下学习
- 学会从实验角度学习和研究人力资源管理的思维方法
- 关注心理学与人力资源管理的关系,并由此推演和思考历史学、社会学等与人力资源管理之间的关系

本讲纲要

本讲解析了人力资源管理产生和发展的脉络。从挖掘泰勒的《科学管理原理》中的人力资源管理萌芽入手,重点剖析了霍桑实验对人的认知突破过程,介绍了工业心理学导入人力资源管理研究的应用价值,讲述了激励理论对人行为机制的贡献。引导读者从情境角度思考人力资源管理的产生和发展的内在规律,帮助读者理解学科发展的思维逻辑。

我们讲述的课程是"中国情境下人力资源管理实务",需要注意这门课的名称是冠以"中国情境下"的,而且是"实务",所以本课程会凸显两个特色:一是强调中国情境;二是强调操作性和实用性。

本课程共有十二讲。第一讲是导入,安排这一讲是考虑到学习有个温故而知新的过程,尽管同学们已经学过"人力资源管理"这门课程,在这一讲我还是会简单扼要地讲解人力资源管理的渊源及其发展脉络,当然,本课程的视角会更契合中国情境;第二讲是中国情境下人力资源管理的研究逻辑和主要特征;第三讲是中国经济"体制转型"下的人力资源管理;第四讲是中国经济"发展转型"下的人力资源管理;第五讲是文化对人力资源管理的作用机理;第六讲是"仁"的现代人力资源管理功能;第七讲是"义""利"平衡的人力资源管理应用;第八讲是从"无为而治"到"无不治";第九讲是成长型企业人力资源管理"瓶颈"突破;第十讲是如何提升团队凝聚力;第十一讲是高层管理团队统御之道;第十二讲是"治心"——中国人力资源管理总枢。

导入案例

人力资源管理是什么

Y教授自1996年以来,一直担任国家经贸委中南数省512家大型企业厂长、经理工商管理培训的特聘教授,主讲人力资源管理课程。当时,大企业的厂长、经理们对人力资源管理感到十分陌生,常常咨询Y教授:人力资源管理到底是什么?它和党的思想政治工作和干部四化①建设有何关联?它和管理学、经济学有何关联?它和劳动人事管理有何关联?Y教授觉得早年

---

① 干部四化指的是"革命化""年轻化""知识化"和"专业化"。

的人力资源管理课的讲授十分吃力，观念冲突和压力都很大，上课的推进颇有点思想启蒙的韵味。①

大家可以想象一下，1996年的人力资源管理是什么样的状况？我记得在1996年讲解人力资源管理课程的时候，没有多媒体，我用一张白纸，一边写人力资源管理的特色，一边写人事管理的特色，挂到黑板上，给学员讲解二者之间的差异。当时改革开放已经十几年，人们的人力资源管理思路却仍比较保守落后，从案例中可以看出，大家在一些基本观念问题上纠缠不清。当然，这些问题到了现在，已不成为问题，因为我们的人力资源管理思想和水平已然换了模样。记得当时的Y教授（实际上是我自己）是这样来回答案例中的问题的。

人力资源管理是现代管理理论和技术的重要分支，是市场经济的产物，不是计划经济背景下的人事管理概念，也不是干部四化和思想政治工作所能涵盖的，它是一个庞大系统的体系，可将前述问题包含其中，进行研究。②

实际上，干部四化和思想政治工作都包含在管理学科的人力资源管理中，是一个基本的概念。这里面说明一个问题：人力资源管理是什么？它是管理学的一个分支，属于管理学科的范畴，但请大家注意的是，它的研究主体是人。与人紧密相关的学科都应该是人力资源管理的关联学科，比如哲学、社会学、心理学、历史学、人类学等，因此人力资源管理的一个重要的特点就是交叉性和综合性，这是源于人力资源管理的对象——"人"的特征。所以，在学习该课程时需要拓宽自己的知识面和阅读面。

---

① ②颜爱民，2004.人力资源管理理论与实务[M].长沙：中南大学出版社.

泰勒科学管理中的人力资源管理萌芽

我们来探讨人力资源的发展脉络。人力资源管理的起源和萌芽是何处？追本溯源，科学管理之父泰勒（图1-1）是人力资源管理的先驱，泰勒在1911年出版了一本伟大的著作——《科学管理原理》，这本著作的出版标志着管理新时代的到来，人力资源管理萌生其中。

图1-1 泰勒
（1856—1915）

为什么说人力资源管理萌生其中？

第一，泰勒提出了"设置一个制定定额的部门"。泰勒当时在米德维尔工厂，从一名学徒工开始，先后被提拔为车间管理员、技师、小组长、工长、设计室主任和总工程师。在这家工厂的经历使他了解工人们普遍怠工的原因，他感到缺乏有效的管理手段是提高生产率的严重阻碍。为此，他将工程师理性的思维引入管理中，开始探索科学的管理方法和理论。泰勒提出的"设置一个制定定额的部门"可以说是最早设置的人力资源管理职能部门，该部门的职责是专门制定定额，通过对计件和工时的研究，进行科学的测量和计算，制定出一个标准制度，以确定合理的劳动定额，从而改变过去那种以估计和经验为依据的方法。

第二，泰勒提出"实行差别计件工资制"，使工人的贡献大小与工资高低紧密挂钩。如果工人能够保质保量地完成定额，就按高的工资率付酬，以资鼓励；如果工人的生产没有达到定额就将全部工作量按低的工资率付酬，并给予警告；如不改进，就要被解雇。就是这么一个简单的机制，带来了劳动生产率的大幅度提高。从现在的人力资源管理角度来看，泰勒提出的差别计件工资制可以说是最早的工作分析与最早的劳动定额，因为实行差别计件工资制主要是通过时间和动作及工作分析来实现。

第三，建立"管理日工工人制度"——对每个人在准时上班、出勤率、诚实、快捷、技能及准备程度方面做出系统和细致的记录,根据这些记录不断地调整他的工资[①]。这可以说是早期的绩效考核制度。可见,"科学管理"的经典著作中人力资源管理已经萌生其中。

> **引申出的学习方法或问题讨论(1-1)**
>
> 研读管理学的经典原著,学习大师们研究和解决问题的思维方法。

特别提醒: 不仅要在专业课程中学习专业知识,更要学习其解决问题的思想和方法,我觉得这应该是每一位本科生、研究生甚至是中国高等教育需要特别关注的问题。以此为例,我建议大家不要过分拘泥于教材,而要多研读管理学的经典原著,从中学习大师们研究和解决问题的思维方法。不知道大家是否阅读过《科学管理原理》这本著作,如果没有,我强烈建议大家去阅读,因为,作为管理类专业的学生,阅读这本书的更大的价值在于学习管理学先驱如何在当时的背景下创立科学管理的方法。下面将我阅读这本书的收获和体会与大家分享。

记得十年前我在处理袁隆平农业高科技股份有限公司的杂交水稻模块的关键绩效指标(Key Performance Indicator,KPI)设计的时候,涉及需要甄选出主要的绩效评价指标,教科书上告诉我们的设计方法很难派上用场,到其他企业去取经、向其他的实务专业人员请教,也解决不了问题,因为在中国绝大多数的企业,其绩效指标都不是真正靠自己设计的,而是参照先进企业的指标体系进行修订完成。可问题是,大家都知道杂交水稻是中国人自己发明出来的,对于杂交水稻企业的管理,指标体系的设计,世界上没有任何先进企业给我们提供先进指标来修订,只能原创性地甄选指标、确定指标体系、赋予各指标考核权重、设计整

---

① 泰勒,1984. 科学管理原理 [M]. 胡隆昶,冼子恩,曹丽顺,译. 北京:中国社会科学出版社.

套绩效考核方案。我最终就是通过阅读《科学管理原理》这本著作，学习它如何进行动作研究，如何到现场去观察，如何作出合适的岗位分析，直到最后设计出合适的指标来解决这一难题。

可见阅读经典著作的用途所在，所以希望大家平时多研读一些经典原著，学习大师们研究和解决问题的思维方法。

霍桑实验引发对人的认知突破

霍桑实验（Hawthorne Experiment）[①]引发对人的认知突破。现代管理学派中的经验主义学派具有很大影响力，但在经验主义学派存在的同时，实验研究也与此相通相融。大家都学过管理学，霍桑实验想必是每个人都耳熟能详的，接下来让我们共同了解霍桑实验当时具体的情况。

霍桑实验是在1924—1932年期间完成的。第一阶段从1924年11月到1927年4月，当时的实验假设是"提高照明度有助于减少疲劳，使生产率提高"。起初，实验小组取得了令人满意的结果，因为照明度提高时效率也提高了，但是经过两年多的实验发现，照明度的改变对生产效率并无影响。具体结果为：当实验组照明度增强时，实验组和控制组都增产；当实验组照明度减弱时，两组依然都增产，直至照明减至如月光一般，实在看不清时，产量才急剧降下来，当时的实验小组感到十分困惑。1927—1932年，以梅奥教授[②]为首的一批哈佛大学心理学工作者将实验工作接管下来，继续进行（图1-2）。通过"福利实验""访谈实验""群体实验"等一系列实验，得出了突破性的实验成果。他们发现物理环境

[①] 霍桑实验是心理学上的一种实验者效应，是指当被观察者知道自己成为被观察对象而改变行为倾向的反应。1927—1932年，美国哈佛大学心理学教授埃尔顿·梅奥带领学生和研究员在位于伊利诺伊州的西方电器公司霍桑工厂进行的一系列心理实验。
[②] 梅奥（1880—1949），美国心理学家和社会学家，主要著作有《工业文明的人类问题》和《工业文明的社会问题》。

并不是影响生产效率的因素，相反影响生产效率更多的是社会的、心理的因素。这个突破应该说在管理学科的发展史上具有非常重要的作用。他们得出了如下几个方面的结论。

图 1-2　霍桑实验（1927—1932）

第一个是福利实验。福利实验中并没发现福利待遇与生产效率提升的持续稳定关系，反而发现导致生产效率上升的主要原因：①参加实验的光荣感（实验开始时 6 名参加实验的女工曾被召进部长办公室谈话，她们认为这是莫大的荣誉，这说明被重视的自豪感对人的积极性有明显的促进作用）；②成员之间良好的相互关系。所以有时候我说霍桑实验是有意栽花花不开，无意插柳柳成荫，在无意间获得意外收获。这是十分正常的现象，很多科学突破都是在科学发展的过程中无意间实现的，如 X 光实验，其发现过程也是如此。

第二个是访谈实验。当时的研究者在工厂中开始了访谈计划。此计划的最初想法是要工人就管理当局的规划和政策、工头的态度和工作条件等问题作出回答，但这种规定好的访谈计划在进行过程中却得到令人意想不到的结果。访谈实验的意外发现是访谈本身成为提高生产效率的重要途径。工人们长期以来对工厂的各项管理制度和方法存在许多不满，无处发泄，访谈计划的实行恰恰为他们提供了发泄机会，发泄过后心情舒畅，士气提高，使产量得到提高。所以现在很多企业很讲究沟通、发泄，日本有些企业还专门建了泄气室，目的就是让员工把心里的不满情绪宣泄出来，达到有利于提高生产效率和生产质量的效果。

第三个是群体实验。群体实验中提出了"非正式群体"的概念，认为在正式的组织中存在着自发形成的非正式群体，这种群体有自己的特殊的行为规范，对人的行为起着调节和控制作用。同时，加强了内部的协作关系。

霍桑实验的几个重要理论发现就由此呈现出来，包括"社会人理论""士气理论""非正式群体理论""人际关系型领导者理论"等。以泰勒的科学管理理论为代表的传统管理理论认为，人是为了经济利益而工作的，金钱是刺激工人积极性的唯一动力，因此传统管理理论也被称为"经济人理论"。而霍桑实验表明，经济因素只是第二位，社会交往、他人认可、归属某一社会群体等社会心理因素才是决定人工作积极性第一位的因素；"士气理论"认为工人的满意感等心理需要的满足才是提高工作效率的基础，工作方法、工作条件等物理因素只是第二位；"非正式群体理论"认为在正式工作群体之中还存在着自发产生的非正式群体，非正式群体有着自己的规范和维持规范的方法，对成员的影响远大于正式群体，管理者不能只关注正式群体而无视或轻视非正式群体及其作用；"人际关系型领导者理论"指的是领导者应该理解工人各种逻辑的和非逻辑的行为，善于倾听意见和进行交流，并借此来理解工人的情感，培养一种在正式群体的经济需要和非正式群体的社会需要之间维持平衡的能力，使工人愿意为达到组织目标而协作和贡献力量。这些恰恰导致了一个重要的结论：人从"经济人"的关注视角突破出来，人是"社会人"，是有着群体性特征，有着特别的社会需求、心理需求，集许多特征于一身的一个复杂的人。霍桑实验引发了对人的认知突破，这是人力资源管理发展史上一个非常重要的里程碑式的实验，所以霍桑实验是人力资源管理从萌生到诞生的一次重要的理论突破。

　　大家注意，这里包含一个学习方法，即研究经典的管理实验案例，学习实验方案设计和操作思路，锻炼人力资源管理的实验思维。我们在做人力资源管理的有关研究和实务时，实验是一个非常重要的手段，在此，建议大家详读霍桑实验，全面了解实验的精细过程，并理解实验方案设计和操作的思路。

> **引申出的学习方法或问题讨论（1-2）**
>
> 　　研读经典管理实验案例，学习实验方案设计和操作思路，锻炼人力资源管理的实验思维。

▍工业心理学开辟了心理学和社会学研究成果在人力资源管理应用的广阔空间

图1-3　闵斯特伯格
（1863—1916）

　　1912年，闵斯特伯格（图1-3）①出版了《心理学与工业效率》一书，首次将心理学的理论和技术系统地导入人力资源管理研究领域，开创了"工业心理学"研究领域，为随后行为科学理论的产生和发展奠定了基础。闵斯特伯格指出："我们绝不要忘记，通过心理上的适应和通过改善心理条件来提高工作效率，不仅符合厂主的利益，而且更符合职工的利益，他们的劳动时间可以缩短，工资可以增加，生活水平可以提高。"另外，闵斯特伯格认为：应该用

---

① 闵斯特伯格（1863—1916）是德国出生的美国工业心理学的主要创始人，被尊称为"工业心理学之父"，也是美国心理学界中因政治事件引起争议的人物之一。

心理测验来选拔雇员，用学习理论来评价培训方法的开发，要对人类行为进行研究以便搞清什么方法对于激励工人是最有效的。他还指出了科学管理与工业心理学二者都是通过科学的工作分析，以及通过使个人技能和能力更好地适合各种工作的要求，寻求提高生产率。实际上他的一个重要贡献是把心理学的研究成果和人力资源管理进行对接。心理学对于人力资源各个模块工作的完善和提高都有很大的帮助，它能够帮助人力资源从业者真正地了解人，提高招聘技能，有助于协调团队中的人际关系。可以根据心理和人格特质的差异，把合适的人放在最合适的岗位上，设计多样化的激励手段和考核手段，提升员工满意度管理的技巧，帮助管理者提升领导魅力等。直到今天，人力资源管理和心理学的融合程度是非常大的。

激励理论开始窥探人的思想和行为的内在机理

20世纪50年代之后，尤其是在20世纪50年代到70年代期间，激励理论得以蓬勃发展。早期的激励理论研究是对于"需要"的研究，回答了以什么为基础，或根据什么才能激发调动员工工作积极性的问题，包括马斯洛的需要层次理论[1]、赫茨伯格的双因素理论[2]和麦克利兰的成就需要理论[3]，它们实际上探究的就是人为什么要这样做，他的行为的内在机理是什么。当我们明确人的行为的内在机理，就可根据内在机理设计人力资源管理，使它能够达到按照我们的期望去行动的效果。因此，激励理论实际上是人力资源管理基础理论的一次超越。激励方

---

[1] 马斯洛的需要层次理论把需要分成生理需要、安全需要、社交需要、尊重需要和自我实现需要五类，依次由较低层次到较高层次。
[2] 赫兹伯格的双因素理论又叫激励保健理论，是美国的行为科学家弗雷德里克·赫兹伯格提出来的。双因素理论揭示了人性的两端：一方面是固定的，即保健本质；一方面是变化的，即激励本质。
[3] 麦克利兰的成就需要理论，又称"三种需要理论"，是由美国哈佛大学教授戴维·麦克利兰通过对人的需求和动机进行研究，于20世纪50年代在一系列文章中提出的。麦克利兰经过20多年的研究得出结论，人类的许多需要都不是生理性的，而是社会性的，而且人的社会性需要不是先天的，而是后天的，源于环境、经历和培养教育等。

面的理论还有很多，如弗洛姆的期望理论①、亚当斯的公平理论②、斯金纳的强化理论③和阿尔德弗的 ERG 理论④。其中，ERG 理论可以理解为马斯洛需要层次理论的升级版，阿尔德弗在马斯洛提出的需要层次理论的基础上，进行了更接近实际经验的研究，提出了一种新的人本主义需要理论。他认为，人们存在三种核心的需要，即生存（Existence）的需要、相互关系（Relation）的需要和成长发展（Growth）的需要。生存的需要与人们基本的物质生存需要有关，它包括马斯洛提出的生理需要和安全需要。相互关系的需要，即指人们对于保持重要的人际关系的要求。这种社会和地位的需要的满足是在与其他需要相互作用中达成的，它们与马斯洛的社会需要和尊重需要分类中的外在部分是相对应的，阿尔德弗把成长发展的需要独立出来，它表示个人谋求发展的内在愿望，包括马斯洛的尊重需要分类中的内在部分和自我实现层次中所包含的特征。那么，阿尔德弗的 ERG 理论与马斯洛的需要层次理论有何区别呢？马斯洛的需要层次理论是一种刚性的阶梯式上升结构，即认为较低层次的需要必须在较高层次的需要满足之前得到充分的满足，二者具有不可逆性。而阿尔德弗的 ERG 理论并不认为各类需要层次是刚性结构，比如说，即使一个人的生存和相互关系的需要尚未得到完全满足，他仍然可以为成长发展的需要工作，而且这三种需要可以同时起作用。另外，大家在其他课程里应该学过一些其他的激励理论，在此我就不一一赘述。这些理论为人力资源管理的进一步研究和技术应用，尤其是在机理层面开辟了空间。

---

① 弗洛姆的期望理论又称为"效价—手段—期望理论"，是北美著名心理学家和行为学家维克托·弗洛姆于 1964 年在《工作与激励》中提出来的激励理论。
② 亚当斯的公平理论又称为社会比较理论，由美国心理学家约翰·斯塔希·亚当斯于 1965 年提出。该理论是研究人的动机和知觉关系的一种激励理论，认为员工的激励程度来源于对自己和参照对象的报酬和投入的比例的主观比较感觉，侧重于研究工资报酬分配的合理性、公平性及其对职工生产积极性的影响。
③ 斯金纳的强化理论是美国的心理学家和行为学家斯金纳、赫西、布兰查德等人提出的一种理论。强化理论分为正强化与负强化，人们可以利用正强化或负强化的办法来影响行为的后果，从而修正其行为。
④ 阿尔德弗的 ERG 理论是阿尔德弗于 1969 年提出的，他把人的需要分为三类：生存的需要、相互关系的需要和成长发展的需要。

人力资源的提出

到了 20 世纪六七十年代，管理理论已相当成熟，人力资源管理也随之呼之欲出。那么人力资源管理是怎么诞生的呢？首次提出"人力资源"概念的是管理学经验主义学派的创始人德鲁克[①]，他于 1946 年在《公司的概念》一书中提出了"人力资源"这一概念。1954 年，德鲁克在他的一本代表性著作——《管理的实践》里面提出了管理的三大更广泛的职能：管理企业、管理管理者及管理员工和工作。请大家注意的是，经典的管理职能是与泰勒同时代的法约尔[②]提出来的。法约尔将管理活动划分为计划、组织、指挥、协调和控制五大职能。而德鲁克将管理的职能做了很大的改变，德鲁克认为，管理就是管理企业、管理管理者以及管理员工和工作，在此定义下，管理很大部分就是管人，所以无论什么时候我都会强调该职能，因为人力资源真的非常重要。很多管理问题最终都会归于人力资源管理。这里我引用了德鲁克几句经典语句："人力资源和其他所有资源相比较而言，唯一的区别就是它是人，并且是经理们必须考虑的具有'特殊资产'的资源"[③]。人力资源和其他资源区别在哪里？它就是人，人和其他资源完全不同，它的特殊性在此，复杂性亦在此。"传统的人事管理正成为过去，一场新的以人力资源开发为主调的人事革命正在到来"[④]。德鲁克认为，传统的人事管理是如何管好、控好、调配好、安置好人和事。他将人力资源开发作为主调，研究如何开发人力资源。所以，1954 年他提出了人力资源管理和人力资源开发这两个非常重要的主题。

德鲁克相信管理学应该是一门综合的人文学科，而不是一些细分学科的组合。他指出："管理是一种实践，其本质不在于知而在于行，其验证不在于逻辑而在于成果"[⑤]。我们学管理，尤其是人力资源管理，特别强调其实践性。为什

[①] 德鲁克（1909—2005）是一位奥地利出生的作家、管理顾问、大学教授。他催生了管理这个学科，他同时预测知识经济时代的到来。他被誉为"现代管理学之父"。
[②] 法约尔，法国科学管理专家，管理学先驱之一。
[③④⑤] 摘自德鲁克《管理的实践》，机械工业出版社，2018 年出版。

么这门课叫作"中国情境下的人力资源管理"？因为实践性就必须关注情境性。很多管理理论和技术必须结合中国的国情，它才是真正有生命力的。德鲁克作为经验主义学派的创始人，他认为管理是实践，其本质不在于知而在于行。我也希望大家在学习人力资源管理时，既要知又要行，更重要的是行，要知行合一。

> ### 引申出的学习方法或问题讨论（1-3）
>
> 德鲁克相信管理学应该是一门综合的人文学科，而不是一些细分学科的组合。他指出："管理是一种实践，其本质不在于知而在于行，其验证不在于逻辑而在于成果"。

▍人力资源管理的形成

诺贝尔经济学奖得主、人力资本概念之父舒尔茨[①]在1960年美国经济学年会上发表的一篇里程碑式的论文——《论人力资本投资》，标志着人力资本理论的诞生。在这篇论文中，舒尔茨教授提出了人力资本的概念，并将经济学的研究方法融入人力资源管理中，推进了人力资源管理学科的科学性和严谨性。舒尔茨指出，由教育、保健、人口流动等投资所形成的人的能力提高和生命周期的延长，也是资本的一种形式。完整的资本概念应该包括物力资本和人力资本两方面，二者在投资收益上有差别。在经过很长一段时间的研究后，他发现人力资本的收益率高于物力资本的收益率，而教育是人力资本形成的主要来源。舒尔茨对1929—1957年美国教育投资与经济增长的关系做了定量研究，得出以下结论：

---

① 舒尔茨（1902—1998）在经济发展方面做出了开创性研究，深入研究了发展中国家在发展经济中应特别考虑的问题，从而获得1979年诺贝尔经济学奖。

各级教育投资的平均收益率为17%；教育投资增长的收益占劳动收入增长的比重为70%；教育投资增长的收益占国民收入增长的比重为33%。第二次世界大战以后，很多国家的经济得到快速发展。经济学家在研究生产要素对经济增长的贡献时，发现有很大一部分的增长速度找不到对应贡献生产要素，舒尔茨在此解释形成这些国家经济增长的贡献要素是人力资本要素，人力资本经济的增长带来了非常重要的贡献，这也解开了第二次世界大战后日本、德国乃至其他西方国家经济迅速发展之谜。1979年，舒尔茨教授凭借人力资本理论获得诺贝尔经济学奖。在此情况下，人力资源管理开始成型。

第二讲

中国情境下人力资源管理的研究逻辑和主要特征

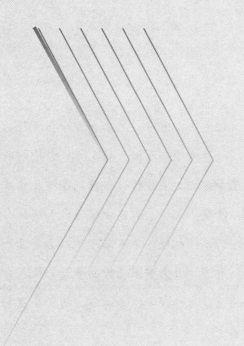

教学目标

- 掌握中国情境下人力资源管理的研究逻辑
- 重点理解经济基础背景对人力资源管理的影响
- 重点理解人力资源的生物性和社会性特征及其对人力资源管理的重要影响

创新性教学提示

- 学会系统性分析问题
- 特别关注当代中国经济、文化和制度特征对人力资源管理学习和应用的影响
- 学会应用情景案例来帮助理解人力资源管理问题

本讲纲要

本讲首先解析了本课程的研究逻辑,为读者演绎全课程的整体框架和学习思路。简述了经济模式对人力资源管理的背景性影响;剖析了中国文化系统性、模糊性等特征构建的人力资源管理学习障碍,解析了古代中国语境和逻辑差异对其人力资源管理的影响机理。重点阐述了人力资源的生物性和社会性特征及其对人力资源管理的重要影响,分析了人力资源管理的系统性、情境性等特征,提出了课程的目标定位和学习要点。

第二讲
中国情境下人力资源管理的研究逻辑和主要特征

今天我给大家讲解第二讲内容：中国情境下人力资源管理的研究逻辑和主要特征。我特意将本讲作为单独的一讲，是因为我觉得大家在学习一门新课程时，了解课程的逻辑设计是非常重要的。中国情境下人力资源管理是比较新的一个领域，希望通过对本讲内容的学习，大家能够体会到思考问题、研究问题的逻辑思路。

▌中国情境下人力资源管理的研究逻辑

大家先来看一下中国情境下人力资源管理的研究逻辑关系（图2-1），最底层的是生存状况/经济模式。生存状况是一个非常宽泛的概念，但如果我们用"经济模式"来理解的话就可以从经济学科来找到研究的切入点。生存状况的上一层是文化基础，生存状况/经济模式决定文化基础。文化基础的上一层是制度体系，制度体系的上一层是人的思维和行为特征，最后形成了中国情境下人力资源管理体系。这里面隐含一个知识点，即中国的生存状况/经济模式、中国的文化基础、中国的制度体系构成中国人的思维和行为特征，最后形成中国情境下人力资源管理特色。该研究逻辑也可用到其他地方，如美国的生存状况、美国的文化基础、美国的制度体系、美国人的思维和行为特征会形成相应的美国情境下人力资源管理特色。因为中国正处于赶超式的经济发展阶段，所以我们现在所学的许多管理学科和技术都是从欧美国家"引进"和学习来的。现如今很多人力资源管理书籍和一些方法体系也均以欧美国家的理论为模板。可以说，如今大家所学的人力资源管理是欧美国家情境下人力资源管理，这也是我在过去很多年里处理企业实务过程中感到非常棘手的一个难题。很多书本或文献上的人力资源管理的方法和技术固然很有效，但将它运用于中国的企业实践中的时候效果却不尽如人意。为什么？主要的原因是未考虑其情境差异，这也是我研究中国情境下人力资源管理的一个原因所在。

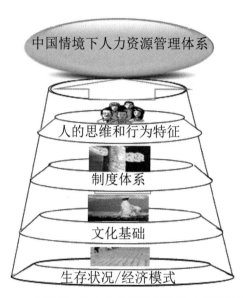

图 2-1 中国情境下人力资源管理的研究逻辑关系

接下来,我们来剖析该逻辑关系图。大家先看,生存状况/经济模式是人力资源管理体系的基础背景。人在不同的生存背景下的思维模式是不一样的。现在,我们来做一个情景假设:

假设大家穿越到五千年前,我们同处一个部落,我是部落的头儿,头上戴着野鸡毛,腰间系块兽皮,大家跟着我一起去打猎,打完猎每个人扯一块肉啃。大家想象一下,在这种的情境下会弹奏出《高山流水》《春江花月夜》这样典雅优美的乐曲吗?

这个例子很好地说明了人所处的情境会影响人的思维。经济对人的思维的影响是非常大的,人们在贫穷和富裕的状态下思考的事情肯定不同。中国的发展速度非常之快,我这个年纪的人就跨越了从贫穷到富裕状态下的思维转变的阶段。比如说,以前大家很喜欢过年,为什么?因为过年有肉吃。现在大家还有这么大的兴趣吗?没有了。这也就说明了在不同的经济背景下人们的思维模式是不同的。

（一）农业经济大背景对人力资源管理影响深远

中国的农业经济历史非常之久，所以在做中国人力资源管理的研究和学习时不能忽略其背景，要学会进行情境切换，理解当时的经济情境，这样才能更好地理解当时的人力资源管理。在本课程的讲授过程中，我会经常同大家分享中国过去的人力资源管理的状况，这就要求大家学会情境切换，即进入当时的情境中理解和思考问题。比如说，中国人以前讲究节俭，节欲知足，以俭为美德。

儒家的"安贫乐道"：

一箪食，一瓢饮，在陋巷，人不堪其忧，回也不改其乐。贤哉，回也！①

这是孔子赞美颜回清贫却能保持顶天立地气概的经典语录。道家也是很讲究节俭的，大家有听过道家有关于节俭的语句吗？

道家的"以俭为宝"：

我有三宝，持而保之。一曰慈，二曰俭，三曰不敢为天下先。②

这句话的意思是：我有三个宝，需要保持。第一是慈，第二是俭，第三是不敢为天下先。俭是道家的三宝之一，实际上，节俭在中国过去长期的经济社会发展中一直是重要的美德。我做过一些关于节俭的研究，结果却是很有趣的。我将历史上大家津津乐道的所谓的太平盛世，比如说盛唐、大汉的经济数据切换过来发现，即使在盛世，人均收入也非常低，也就是说，过去的思想家们和政治家们

---

① 语摘自《论语·雍也》。
② 语摘自《老子》。

所推崇和神往的盛世就是能够让大家吃饱肚子的社会，能够多养活一些人而已，因此在那种经济模式与经济背景下，不节俭行吗？大家追求的以及分配的都是基本的生存资源，因此整个社会要推崇节俭，以节俭为美德。我们如今的工业经济时代需要刺激消费，拉动内需，经济模式不同，人们的思维方式也不同，很多情况都是如此。我有时候觉得中国传统的节日也是相当有趣的，中国传统的节日基本上都是吃的节日。端午节吃粽子，中秋节吃月饼，过年宴请亲朋。而且中国无论哪个地方都会有好吃的东西，为什么？因为我们很长时间没吃饱。如今我们的餐饮业如此发达，为什么？因为我们刚从漫长的自然经济农业背景过渡到工业经济，人们刚刚走出贫穷，对吃的需求十分强烈。以上列举的例子就是希望大家能够更好地理解经济背景对人力资源管理的影响，这是一个很重要的特点。

（二）工业经济对人力资源管理影响的主导地位将逐步确立

中国现在正处于由农业经济主导转换到由工业经济主导的阶段，工业经济对人力资源管理的影响逐步凸显出来，但农业经济的影响仍然深刻，不容忽视。中国经济发展的不平衡对人和经济的影响是一个渐变的过程，工业化背景下新型的社会关系决定新型的人际关系。而农业经济的背景则完全不同，比如说，过去农业经济是以大家庭为单位的，很多经济学家都考证过"大家庭"为什么是规模效应，因为过去的家庭既是生活组织又是基本的经济组织。正如歌词里所体现："分工协作都唱给你听""你挑水来我浇园，你织布来我耕田"。人类的家庭组织是非常重要的，但在不同的经济背景下却不同。因此整个工业化已经开始逐步主导着人力资源管理，这是一个很重要的转变。

（三）知识经济对人力资源管理的影响日益凸显

如今，人类社会正在步入知识经济时代。知识经济时代是继农业时代、工业时代之后人类社会的一个新阶段。有人将人类社会的生产活动划分为农业经济时代、工业经济时代及知识经济时代。每种经济时代状态下的人力资源管理差异很大。在农业经济时代，最重要的是体能，谁力气大谁就重要。比如，隋唐英雄排座次，就是按力气大小，第一条好汉就是抓着一对300多斤锤子的李元霸。这也能解释以前中国农村重男轻女的现象，因为男性的人力资本价值大，体力强。而从工业经济时代开始，人力资本主要依靠资本和智能，知识经济时代则以智能为主导，这些都深刻地影响着人力资源管理。也就是说，中国经济状况的变化正深刻影响中国人的思维和行为模式。

（四）文化对人力资源管理的影响

文化基础是人力资源管理的生长土壤。第一，中国悠久的"人治"历史积累了深厚的"治人"之道，中国的历史就是"人治"的历史。中国的"人治"水平很高，所以中国的"治人"水平也很高，这就是古代的人力资源管理。

北宋初年的宰相赵普是一位杰出的政治家，他曾有"半部《论语》治天下"这样振聋发聩的名言传世。儒家的《论语》和道家的《道德经》都是代表性的经典之作。中国古代很多经典，包括《资治通鉴》《史记》等史书，通篇看到的都是两个字："治人"。甚至很多中国的古典小说都蕴含着深刻的人力资源管理的思想和方法。《红楼梦》中的一副对联写道：

世事洞明皆学问，人情练达即文章。[①]

王熙凤管人很厉害，她善于利用潜在的家族当权者的权力和影响来管理家族上下。《水浒传》里的宋江善于管理团队，他带团队奖罚分明，松弛有度。

文化基础是人力资源管理的生长土壤，但为什么中国的人力资源管理却不尽如人意？我们一方面说中国文化博大精深，另一方面又搞不好人力资源管理，那

[①] 语出自《红楼梦》第五回。

是为什么？研究发现，中国古典的人力资源管理很深，很多人在学习人力资源管理时存在一些障碍。针对此问题，我特别给大家讲解一下。

第一，中国文化的思维体系是系统性思维，它具有模糊性的思维特征，所以我们借鉴古典人力资源管理时就会构成一些壁垒。为什么说中国的人力资源管理是系统性思维呢？因为中国的整个文化特质秉承的是天人合一的思想。钱穆先生和季羡林先生认为天人合一思想是中国传统文化对世界最重要的贡献，而且在以后还会发挥非常重要的影响。天人合一的思想在过去漫长的历史里影响深远，所以很多中国人看问题比较整体、模糊。例如中医看病是望闻问切，一般都是说肝火太旺、肾水不足，需要泻火或者补身子。西医则不同于中医，西医一般都是先化验，经过论证后才实施疗法。再如，中国的菜谱最典型，菜谱上面写着加盐少许、加水少许，少许到底是多少？所以外国人看不懂中国的菜谱，这就是文化差异。大家再看下面的这幅水墨国画，如图2-2所示。

图2-2　水墨国画

这幅国画远看白云悠悠、缥缥缈缈山水相映，给人一种超脱万物、置身于仙山灵水的感觉。但国画可远观而不宜近看，那座漂亮的山峰仔细一看其实就是个墨团，白云其实就是空白的地方。所以说国画只有系统、整体地去品味才能发现它的美，人力资源管理亦是如此。它所呈现的是系统的、整体的布局，细节则很模糊，这便是我们学习人力资源管理时必须克服的障碍。

《道德经》第一句话便是：

道可道，非常道。名可名，非常名。①

道，说出来就不是真正的道了。怎么办？要去悟。前些年，我跟一个外国朋友讲解中国的人力资源管理时，我说要悟，他问怎样才能悟？我和他说要慢慢悟。他心里还是没明白，我告诉他慢慢悟吧。这就是中国文化整体思维高屋建瓴，而精细和精准不足的原因。

第二，"重理轻法"的思维特征构成学习壁垒。这是中国人力资源管理的另一特点，即重视道理，轻视方法。为什么会这样？因为中国文化很重视理论，重视思想。比如，中国思想家的地位很高，哪怕他生前穷困潦倒。历史上不乏这种人，王船山②就是如此。他为了事业和理想，从来不为利禄所诱，不受权势所压，就是历尽千辛万苦，也矢志不渝。明朝灭亡后，在家乡衡阳抗击清兵，失败后，隐居石船山，从事思想方面的著述。晚年身体不好，生活又贫困，写作时连纸笔都要靠朋友周济。每日著述，以至腕不胜砚，指不胜笔。

第三，语境和逻辑差异构成的学习壁垒。比如说"重理轻法"，当把法补上时，语境和逻辑差异就需大家进行情境切换。举个情境切换的例子，大家就会明白，小说《明朝那些事儿》就是用现代语言生动地描述当时发生的事情，比如在小说里将太监称为皇帝的生活秘书等。

我们要进入古典的情境才能理解两个差异。第一个差异是古代社会依据"信用逻辑"传播思想和观念。在古代，整个社会的信用度很高，那些非常有威望的学者的话很容易让人信服。而现代自然科学依据的是"实证逻辑"，大家都知

---

① 语出自《道德经》。
② 王船山，明末清初杰出的思想家、哲学家，与方以智、顾炎武、黄宗羲同称明末四大学者。

道著名的科学家爱因斯坦，他当时提出相对论时很多人都无法理解，没有人相信他。爱因斯坦虽然获得了诺贝尔物理学奖，但却是因他提出的光电效应理论所得。人们为什么认可相对论了？是因为按照相对论可以推断光线在穿越星球的时候会弯曲，后来天文学家无意间发现了该现象，该理论才得以证实。当时看到这一现象的天文学家感慨：爱因斯坦的相对论是对的，他不仅发现了一座小岛、一块礁石，还发现了一个新的大陆。现在还是有很多人不懂相对论，但都相信它是对的，为什么？因为该理论已经被证实。现在我们做研究都是先提出假设，然后进行实证，最后是结论。管理研究亦是如此。然而，古典的人力资源管理缺乏假设和实证部分，仅有结论，这也就是我们读古典人力资源管理感到困惑的地方。第二个差异是写作成本的不同。春秋战国时期都是在竹简上写书，那个时候所谓的"学富五车"也就是五车竹简。我有时在想，那个时候书生都要带个书童。为什么？因为要搬书，竹简书太重了，需要有人帮助搬运。所以，我经常说，如今我们看到的古代人力资源管理其实是一个"压缩文件"，学习它，首先要对它进行"解压"。

> **引申出的学习方法或问题讨论（2-1）**
>
> 学习中国古代人力资源管理必须进行情境切换，尽量使自己置身于当时的思维环境之中，遵循"学习—体会—实践—再学习"的路径，参照古人提倡的"格物致知"之理，循序渐进才能日有所得，终于大成。

学习古代人力资源管理要进行情境切换，同样的道理，我们在学习人力资源管理时要想到企业的情境，比如，研究美国的人力资源管理需要基于美国的情境进行转换。

人力资源的基本特征

人力资源的基本特征很多，如生物性、社会性、能动性和再生性。在这里，我重点讲前两个特征。

第一个特征：生物性。生物性是人力资源最基本的特征。通俗一点讲，生物性即人是动物。我经常开玩笑，学习人力资源管理其实很简单，看五遍《动物世界》就可轻轻松松得五十分。生物性的最基本的特点就是追求生命的延续。大家想一想，《动物世界》里的动物整个生命过程主要忙哪两件事？第一件事是吃，争夺食物；第二件事是繁殖，繁衍后代。我们人类是不是为这两件事也忙乎了不少？在这里我引用了松下幸之助[①]的一句话：

以人性为出发点，因此而建立的经营理念及管理方法，必然正确且强而有力。

所以，要想研究人力资源管理就一定要研究人并理解人性。我举个例子说明一下，改革开放前为了让大家努力工作，经常挂个标语"苦战一百天，以优异成绩迎接五一劳动节；苦战一百天，以优异成绩迎接国庆节"，然而不断的苦战换来的效率却不高，为什么？因为整个机制的设计未遵循人性，干得多或干得少都是一回事。在这样的机制下，除非真的有完全毫不利己、专门利人的思想的人，苦战才会有成果。如果该条件不成立的话，这项制度肯定是无效的，而这恰恰就是改革开放要解决的第一件事，即按劳取酬。改革开放前，在农村的生产大队里干多干少一个样，干好干坏一个样。改革开放后，多干的部分归自己所有，不干就什么都没有，这就大大地提高了农民的积极性。所以说制度是非常重要的，企业的人力资源管理也是如此，上一讲我们提到泰勒制，为什么计件工资制会提高生产效率？因为员工多干了，超额部分会给予他相应的奖励；少干了会扣一部分

---

① 松下幸之助，日本著名跨国公司"松下电器"的创始人，被人称为经营之神。

工资以示惩罚。因此人力资源管理的一个基本特点就是尊重人的生物属性。我做了很多年的人力资源管理研究，最后发现一个简单的道理就是要尊重人性，通俗的说法就是"把人当人看"。

第二个特征：社会性。人的本质不是单个人所固有的抽象物，在其现实性上，它是一切社会关系的总和。这是马克思对社会性的理解。更简单的一种理解就是人是群体动物，人是在群体的互动状态下生存下来的。我举一个情境案例：

假如现在将某人送到一座孤岛上，该岛具有一切人类所需的物质资源。比如给他10辆奔驰，10辆宝马，10辆宾利，让他居住富丽堂皇的宫殿，每天吃山珍海味。只要是能够想到的都给他，但是有个前提，整个孤岛上只有他一个人，连动物都没有。

大家想象一下，他在岛上整天抱着黄金，开着豪车还有没有意思？一切的物质资源离开了人类社会就没有任何意义。所以人的价值是在人类社会的相互关系中映射出来的，这解释了我们研究人力资源管理时为何需要研究文化，因为文化是社会性的产物，具有很广阔的空间。

人力资源管理的基本特征

理解人力资源的两点特征后，我再简单地讲解人力资源管理的几个特征。第一个特征是系统性。一加一可以大于二也可以小于一，甚至可以等于零。人力资源管理属于组织整个管理系统的职能，而非组织中单一的模块职能，它融合于组织所有管理体系中，依托全体管理者共同完成。人力资源管理的第一责任人是整个组织管理系统的最高控制者，只有他才能调动整个组织系统，履行最高人力资源管理职能。比如说在企业中，企业家是人力资源管理的第一责任人。在企业的操作和实务中，很多企业家总觉得企业的人力资源没管理好是因为人力资源总监工作没做好，所以不断更换人力资源总监，即使从人力资源市场上招来优秀的人力资源总监依然做不好该企业的人力资源管理工作。其实问题出在哪里？第一个问题，人力资源管理的第一责任人也就是整个系统的掌控者，是企业家自己，所以人力资源管理的很多问题都是出在企业家自己身上，这样说来真正要换的是谁呢？换企业家。但该企业家怎能更换？企业的产权制度没有办法更换，所以企业家只有改变思路和观念。人力资源管理不是一个部门、一个人力资源部长能做好的。那么，它的第二个问题是什么，所有的管理者都是人力资源管理者。所以，人力资源管理的第二个节点是各个岗位的管理者。比如说，营销经理应该管理好整个营销队伍，一个分厂厂长要管理好分厂下面的所有人。正因为这样，我们特别强调和关注每个管理者的人力资源管理能力，只有每个管理者的人力资源管理水平提高了，整个组织的人力资源管理水平才能整体提高。正如质量管理是一个系统，它是全员参与质量管理的一个过程，人力资源管理也是全体管理者的管理。所以我认为，人力资源管理系统中企业家的人力资源管理理念是根本，各级管理者整体的人力资源管理水平是关键，人力资源管理专业技术人员的专业技术水平是重要的技术支持。就像要控制好一个企业的财务成本，不是财务部每天算账就能算得出成本来的，而是要控制好每一个环节；当然，财务管理的专业管理水平也能起很好的支撑作用。人力资源管理部门提供专业的支持，这是系统特别要强调的。学习人力资源管理应该将课程定位在各级企业管理者和企业家身上。我们管理类专业的同学毕业之后是要去做管理者，非人力资源专业的同学学习人力资源管理应该从理论、方法、思路和整体层面去把握。而专业的人力资源管理就要求更细更深，也就是说，专业的人力资源管理者必须掌握更多的操作细节。然而，现在需要研究的是人力资源管理系统的组合效率，其中涉及人员的配置结构合理的问题、互补性的问题、整体人力资源管理系统效能提升的问题。正因如此，人力资源管理需要专门研究如何提高人力资源管理的系统效能。人力资源管理系统如图 2-3 所示。

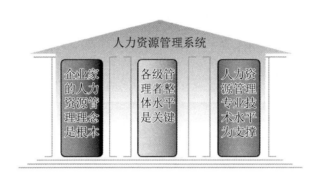

图 2-3　人力资源管理系统

第二个特征是情境性。大家已经学了几年管理学，想必都知道管理学既是一门科学又是一门艺术。那么我在此基础上做些补充：人力资源管理的艺术性尤其突出，它特别需要从不同的情境来把握。正因这样，大家一定要从原理层面理解清楚。例如，徒读父书的赵括虽出身于名将世家，读了很多兵书，坐而论兵时，其父也不是他的对手；等到赵王让他代廉颇守长平，他照搬兵书指挥作战，却导致战败，被秦将活埋了四十五万大军，断送了赵家的基业。人力资源管理里有很多案例可供学习，但一定要结合情境。这里分享一个情境性案例：

原始人交易的时候为什么躲到树后？

我先说明一下，原始人的交易方式是以物易物，他会将要卖的东西放在树的前面，如果路人有需要他的东西并且愿意交换的话，就将自己价值相当的东西留下。该交易过程明显不同于现在，卖东西的人会躲到树后面，大家想一想，这是为什么？

这是因为，原始社会处在单一农业经济时代，而且当时的生产效率非常低下，没有一个服务行业专门来进行交易。如果原始人专门在那里交易的话就不能正常地劳作，而且路人愿意交换的随机性特别大，所以躲在树后既可以进行交易也不影响自己正常的劳作。整体来说,他的交易成本就会特别低。另外,因为当时的部落具有一定的保护性,如果某人直接把东西拿走会有很大的风险,他会受到同族部落的追杀。

在这里,我再次强调大家一定要养成在特定情境中进行思维的习惯,这有利于大家更好地把握中国人力资源管理的过去、现在与未来。

本课程定位和基本特征把握

我们整个的人力资源管理课程有三个定位:企业家的人力资源管理、企业其他管理者的人力资源管理和从事人力资源管理职业人员的人力资源管理。在这个课程里面三者会进行相应的平衡。

最后总结一下我们今天学习的内容:第一,不要忘记把人当人看,理解人力资源的生物属性;第二,不断开发人的群体性特征,关注人的社会性;第三,人受制于生存状况,要考虑生存环境、经济环境;第四,人是文化的产物,易受文化的制约;第五,创新是人力资源管理的永恒主题,因此时刻不能忘记人力资源管理的显著艺术性。

第三讲

中国经济"体制转型"下的人力资源管理

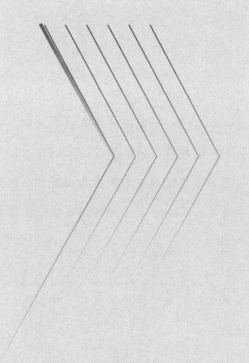

教学目标

- 了解中国经济在不同经济体制背景下的企业人力资源管理特征
- 重点关注我国国有企业人力资源管理的特殊性
- 注意国企人力资源管理的演变过程

创新性教学提示

- 学会从制度和体制角度分析人力资源管理问题
- 引导读者思考和讨论中国国企下一步改革走势,尤其是其中的人力资源管理问题的解决思路

本讲纲要

本讲旨在运用经济学的方法解析中国宏观层面上人力资源管理的主要问题。首先从人力资源管理视角解析了国有企业从利润留成-承包制-明晰产权的变革过程,剖析了中国市场化过程的人力资源市场机制发育和成长机理,分析了国有企业现在面临的主要人力资源管理问题并提出了基本解决思路。通过"拉美陷阱"分析了实施"赶超战略"带来的人力资源市场困局,侧重从人力资源配置和优化视角讲解了国家发展战略选择思路,提出了我国宏观层面的人力资源市场发展思路。

第三讲
中国经济"体制转型"下的人力资源管理

今天我给大家讲解第三讲的内容：中国经济"体制转型"下的人力资源管理。讲课之前请大家回忆一下第二讲的内容，我们在第二讲讲解了整个"中国情境下人力资源管理实务"课程的研究逻辑，该逻辑图贯穿整个课程，现在我就针对每一模块逐一讲解。第三讲和第四讲主要讲的是经济状况，中国的经济状况有什么特殊性？它的特征是什么？对人力资源管理产生了什么影响？

▎导入——生产状况对人力资源管理的作用机制

首先，我们看一下多种因素综合影响人的思想和行为特征如图 3-1 所示。

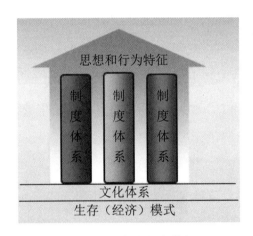

图 3-1　思想和行为特征

如果说生存（经济）模式是大地，那么文化体系就是房子的基脚，制度体系就是房子的承重墙、框架体系，人的思想和行为特征就是房顶。现在我借此图来对中国的经济状况进行剖析。改革开放四十年来中国的经济模式正在发生着深刻变化，对当今中国的人力资源管理构成一个非常重要的背景性特征，作为基脚的文化体系也处在激烈的震荡与重塑之中。文化体系如何震荡呢？"五四运动"时期，传统的文化体系被推翻，推翻之后的文化体系正处在一种激烈震荡和重塑之中。因为文化的重塑并非一朝一夕就能完成，所以中国的整个体系下的生存模式在变，文化体系也在变，再加上生存模式又会对文化模式产生影响，所以这两个层面一直在震荡。同时，作为房屋框架的制度体系也正在进行改革。地基、基脚和框架全方位的变革，在中国历史上，至少在我们能够看到的有文字记载的历史上，是绝无仅有的最为激烈的一次大变动、大变革，正是这种变革使中国经济得到了快速发展但同时也存在很多不确定性和风险，在这样的背景下，处于这个特殊时期的人的思维有许多特殊性，这些特殊性是中国历史上任何一个时代都难以比拟的？而这正是我们需要去面对、研究且必须要解决的一个现实的背景问题。

我国处于双重转型经济时期

我们首先来看经济变革，经济到底怎么变革的？我们称改革开放后的经济为中国转型经济，这种称法在国内经济学界已经成为一个主流的观点。中国转型经济的实质是"双重转型"。具体指哪双重呢？一是经济体制转型。经济体制转型是改革开放后，我国从封闭的计划经济体制向开放的市场经济体制转型，尽快步入经济市场化与全球化的过程。二是发展体制转型。发展体制转型是从相对落后的农业国转向较为发达的工业国，从农村二元经济与社会结构向城市一元工业社会转型。改革开放后，我国经济的发展模式由传统的自然经济主导向以工业经济主导转换。我们可以类推一下，英国的工业革命、美国的经济发展、日本的经济发展可能已经经历了发展转型阶段，但它们不会同时存在两重转型。接下来，会从两方面来讲双重转型，即体制转型和发展转型，如图3-2所示。

我们来了解转型经济具有的明显的特质。第一，转型经济是工业化和市场化双重转型的统一。第二，转型经济不仅涉及资源配置方式和经济体制的转型，而且包括了社会、经济、政治、文化等各个方面的深刻变化，例如资源配置的方式发生了变化，计划经济时期资源配置的方式是通过中央政府的统一计划进行的，而市场经济是通过一只无形的手，即市场机制或价格机制实现资源的配置。那么，除此之外，真正的经济转型还包括社会、经济、政治、文化等各个方面的深刻变化，也就是说，真正的转型是社会大系统的深度的变革以及由此引起的人们

第三讲 中国经济"体制转型"下的人力资源管理

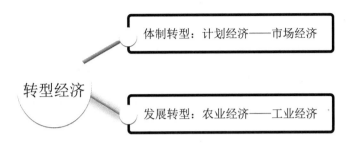

图 3-2 体制转型和发展转型

思想、行为的诸多变化。第三，转型经济的目标是建立具有中国特色的社会主义的市场经济体制。

计划经济时期存在的主要人力资源管理问题

理解了转型经济的三个明显的特征之后，我们来分析计划经济时期存在的主要人力资源管理问题。我亲身经历了从计划经济体制到市场经济体制转变的过程，大家可能对计划经济体制到市场经济体制的转变过程有所感觉，但你们肯定没有直接经历该过程，所以，我在这里稍微扩充一下。

非市场化下的人力资源管理都是按行政管理模式运行的，比如招聘、用人、考评、报酬等工作。国有企业承担着政策性负担（如政府要求其吸纳大量工人因此形成冗员等），企业缺乏自生能力，对国家形成生存依赖，比如国家给定招工指标，而并非按照企业的实际需求确定招工人数。所以在这种情况下，中国的人力资源是谈不上市场化的，也不存在市场。当时的国有企业承担着很重的政策性负担，很多企业都为此很苦恼。企业的招聘需求量并不大，但政府会安排很多人进企业，这不得不使大量的工人成为冗员。20 世纪 90 年代，我研究过国有企业的人力资源状况，当时的国有企业有三分之一左右的冗员，工作效率极为低下。

举一个例子。我当时去了一家大型的氮肥厂调研并和企业的董事长交流了如何搞活企业的问题。董事长说，很难搞活企业，因为员工太多了。"改革开放前很多都是手工作业，而改革开放后，随着先进技术的引进，很多作业都是通过电脑程序控制。按道理来说，很多劳动力是不需要的。但问题是企业中的员工并没有裁减反而国家还在增加招聘指标，我也没有办法。技术的进步导致企业中劳动力的供给大于需求，出现大量的劳动力闲置的状态。过剩的劳动力没事可做，这样一来，工作效率能不低下吗？"在这种情况下，国有企业承担了很多政策性负担，缺乏自生能力，从而对国家形成依赖。

这个问题可从经济学角度进行分析。实际上，对于国有企业而言，国家给了超额的用工指标，企业的负担就会相对加重。企业就会出现政策性亏损。又比如投资建设某产业，对于企业来说该建设没有市场价值，但国家出于宏观层面的考虑认为是非常必要的，那么如果国有企业投资建设了该产业，也就是承担了国家政策性的负担，所以一旦国有企业出现亏损，它极有可能是政策性亏损。既然是政策性亏损，那么国家就应该承担相应的责任，应给予国有企业一定的补贴。于是，国有企业一旦亏损就会找国家要补贴。但是，大家要注意一个问题，也就是经济学里面经常讲的信息不对称的问题。作为政府，它如何准确地辨别出企业的亏损中哪些是政策性亏损，哪些是经营性亏损呢？假设我们承认企业存在利益驱动，那么企业就会想办法把经营性亏损也说成是政策性亏损。如此一来，政府就面临一个与国企博弈的问题，而博弈的结果也往往存在模糊地带。

我们都知道激励是人力资源管理的一个重要问题，什么是激励乏力？即不承认物质利益对调动积极性的重要性。计划经济下大家吃的是"大锅饭"，拿的是"铁饭碗"，干多干少一个样，干好干坏一个样。干多了也不一定多得，干少了也可以想办法多争取一点回来。那么当时是如何激励的呢？通过政治动员提高激励效果，比如评劳模、评先进。但是，这种激励的覆盖面是有限的。劳模有时不是每个人靠努力就能争取到的，激励方式不具普遍性，持续性不足，这就是当时人力资源管理中的一个严重的问题。

第三讲
中国经济"体制转型"下的人力资源管理

■ 从计划经济到市场经济的人力资源管理转型

改革开放是如何进行的？一开始是利用利益机制驱动改革。从这个角度来看，中国的改革归根结底是从人力资源管理的机制上开始启动的。首先，改革承认了追求物质利益的合理性，干得好和干得差形成收入差别。20世纪80年代，城市改革启动就是利用了这一点，企业可以留一部分利润构成奖励基金、福利基金和发展基金，也就是将企业利润的一部分拿出来分给员工作为奖励。这样一来，效益好的企业员工收入就高，这在当时是非常令人激动的。记得20世纪80年代初期，那时我刚大学毕业，当时湖南有一家长岭炼油厂，我的很多同学都想进那个厂，为什么？听说那个厂的福利非常好，会给员工发好的衣服、电风扇、油、米，等等，这在当时是非常让人羡慕的。这是改革开放之初的情况。

接下来，我们从经济学的角度分析该情况，干得好和干得差的形成收入差别，那在企业中由谁来控制这个节点呢？干得好和干得差的指标分配显然不能由国家再来统一管理。因为谁干得好、谁干得不好只有厂长、经理知道，这也就推动了国企改革第一步。厂长、经理开始拥有部分分配权力，实际上就是拥有了部分企业自主权，这便打开了企业自主权改革的缺口，改革的市场化由此产生。企业和个人分享企业的部分利润后，撬动了全社会市场供给和需求，迫使纯计划体制下容许出现部分市场供需，形成了早期改革的双轨制。

在这个背景下，我们再来了解改革渐进的过程：利润留成－承包制－明晰产权。1978年试点企业将增加利润的12%留作企业的奖励、福利和发展基金，期望"企业拿小头，国家拿大头"。试点的效果非常好，所以20世纪80年代初期国家开始慢慢推广该政策。但该政策一经推广，问题就出现了。大家有没有发现，中国改革开放的过程中试点的效果都很好，但推广之后却与预期的目标不一致，为什么？因为试点的时候有受到很多人的关注，信息高度透明，不存在寻租的行为，但一经推广，情况就大为不同，我们这么庞大的一个国家就开始出现很多问题。为什么呢？推广实施之后，人性使然，使企业和政府利益博弈矛盾凸显，市场机制中的控制和监督问题浮现（企业自利驱动侵占国家利益）。就拿上面的例子来说，激励政策是将增加利润的12%留给企业，比如说，国家给企业的盈利指标是500万元，而企业一年中盈利了600万元，多盈利的100万元中可以拿出12万元留给企业。那么，作为企业，它是不是也可以换一种做法：谎称一年只盈利了300万元，将300万元提前拿走？如果从经济利益驱动机制来考虑就不排除这种可能性。而事实上，利润留成机制当时遇到的问题就是国家无法清楚地知道国有企业的利润和成本分别是多少，所以在这种情况下，"国家得大头，企业拿小头"的目标并没有达成。

在此基础上，改革开始进入第二阶段。这个阶段开始出现"承包制"，"承包制"得以替代"利润留成制"。既然国家和企业之间的博弈处于一种信息不对称、不准确的状态，"利润留成制"没办法实现，那不如换一种方式——"承包制"，由国家来确定企业的利润基数。假如国家确定某国有企业的利润基数为500万元，那么该企业每年上交500万元，超过部分全部归企业所有。这种做法好像是解决了利润留成这种模式的不足，但是，随着承包制的实施，又出现了包盈不包亏，厂长和经理通过合法手段谋取利益的问题。企业的盈利超过国家给定的指标，企业有所剩余，但如果企业的盈利并未达到国家给定的指标，该怎么办？那么此时会出现一种更糟糕的可能性：国有企业甘愿亏损。比如说，我是国企负责人，国家给我指定的利润指标是500万元，那我甘愿亏损，不到这个目标，甚至可以一分钱都不赚，但我可以联系一家与我有关联的公司将原材料以高价卖给我，让与我有关联的公司赚钱。所以"包盈不包亏"又导致了厂长、经理们可以通过合法手段谋取利益。

"承包制"实行了几年之后，到了20世纪90年代初期，国企改革进入了"明晰产权"阶段。中小型国有企业实行民营化、私有化，大型国企引进现代企业制度，部分企业实行股份制。从以上内容可知，改革的过程是逐步承认利益诉求、逐步释放利欲，进而逐步完善利益机制，培育发展人力资源市场的过程。真正的改革过程是中国计划经济模式下从完全不承认利益驱动机制到逐步放开，逐步认同，逐步设置合理的机制达到共赢的目标，达到市场繁荣目标的一个渐进过程。理解这一点很重要，它能够理解人力资源管理的原动力所在。这也是我上一讲再三强调的为什么要研究人的原因。

从计划经济到市场经济现阶段人力资源管理经验和问题

接下来，我们在此基础上来看：从计划经济到市场经济现阶段人力资源管理经验和问题。现阶段人力资源管理到底有什么经验？存在哪些问题？中国的改革遵循着"摸着石头过河"的改革思路，也就是说中国的改革采取的是一种探索式的方式，是一边改革一边积累经验并逐步找到合适方法的过程。我国改革的过程不同于苏联的改革，苏联改革一开始直接否定计划经济，中间无任何过渡，直接进入一个新的体制——市场体制。国际上的经济学家将苏联的改革称为"休克疗法"[①]，事实证明苏联的改革是失败的。而中国的改革非常成功，改革开放以来，中国经济体制越来越接近市场化，带来了持续的高速增长，成为世界经济增长最快的国家。这是令我们中国人非常自豪的一次改革。中国改革成功的原因之一便在于"摸着石头过河"。

"摸着石头过河"遵循的是解放思想、实事求是地发现问题并解决问题，必然会与时俱进地根据新的问题衍生出新的解决方案，渐进式的改革必定会按照经济发展的内在逻辑前行。

"摸着石头过河"的改革的好处在于，它是按照解放思想、实事求是的原则

---

① "休克疗法"原是医学上临床使用的一种治疗方法。20 世纪 80 年代被引入经济学领域，指稳定经济、治理通货膨胀的经济纲领和政策。

一步一步向前推进，在推进的过程中发现问题并衍生出对应的解决方案。如果在执行的过程中发现解决方案仍存在问题，就会衍生出更加完善的方案，这使得中国经济体制和运行机制逐步转型、逐步完善、逐步成熟，而这也恰恰符合了社会的发展规律。在这种情况下，我们就需要厘清人力资源市场化的过程。经济改革首先承认了利益分配差异。计划经济不承认员工的利益需求，干好干坏一个样。在承认了利益分配存在差异之后，经济体制的市场化逐步推进，人力资源管理工作中的招聘、绩效、薪酬、员工市场化流动与配置也逐步得到完善。以前厂长、经理没有用人的权力，然而现在的国有企业就真像企业了。从宏观角度来看，市场化必须要有社会的保护体系。社会保障体系、社会福利和保障相当于建几十层、几百层的房子或高楼大厦，在原有基础上建房子可以，但一定要确保下面有安全网，万一有人不小心摔下来或者说被市场淘汰的企业或人还能够有安全和生存保障。市场可以不断推进，但我们还需不断建设社会福利和劳动保障体系。现在中国的很多保障体系，如医保体系已经覆盖到农村，很多体系也都在不断地覆盖不断完善。

早些年我研究过《中华人民共和国劳动合同法》（以下简称《劳动合同法》），在以前，有企业签了劳动合同，员工就受到了保护，但如果企业不签，员工拿它也没什么办法。而新的《劳动合同法》出台之后，如果企业一方不签，那么超过一定的时间后员工自动成为企业永久性的劳动合同者，这样就从法律层面上保障了员工的权益。由此看来，整个体系在一步一步完善，中国的人力资源也同样逐步走向市场化。这是中国改革的基本的状态，这种状态非常好，但在改革的过程中也存在很多问题。

第一个问题是大型国企的垄断性。国企改革尚未成功，大型国企除了处于垄断（如中石油、中石化）状态，带来垄断性问题外，在竞争性行业的绩效不高，缺乏自生能力，政府必须给予一定的保护和补贴（主要是压低利率、土地、资源的价格），这个大家可能从各种媒体上有所了解，那么竞争性行业的国企呢？它还是会存在政策性亏损的可能性，为什么？它的自身能力不足，承担了很多政府的公共责任。比如说原来安排转业军人转到企业安置，在这种情况下，企业会得到政府一定的补贴和保护。再比如廉价的土地资源，较低的矿产资源的税费，这都是政府给予企业的一种保护。这种保护，实际上说明现在的中国仍存在计划制度，人力资源的计划制度和市场制度是并存的。那么这种并存就会引发寻租、降低效率等问题，导致人力资源的市场机制难以完全地真正建立起来，市场分割[①]问题很严重。比如说民工干的活就不一定能够体现他的劳动价值；正式员工和非正式员工干同样的活，他们的劳动价值也不一样。这些都是人力资源管理中存在的问题。

存在这些问题之后，很多薪资的问题也随之而来。比如说国有企业高管的高年薪问题，2008年部分上市公司高管的年薪见表3-1。

表3-1　2008年部分上市公司高管的年薪

序号	高管名称	职务名称	2008年度薪酬（万元）
1	傅成玉	中海油董事长兼首席执行官	1204.7
2	詹伟坚	中国银行信贷风险总监	1181.1
3	任志强	华远地产董事长	774.3
4	麦伯良	中集集团总裁、董事	684.64
5	沈可平	中保国际副总裁兼执行董事	575.9

（资料来源：腾讯财经网。）

大家可以看到，中海油董事长兼首席执行官的年薪达到了1200多万。其实在过去，我就在思考一个问题，国企的机制为什么会导致这种年薪制和原先设计的年薪制的预期目标和效果不一致？我是年薪制的鼓吹者之一，我以前给企业家、国企的领导讲课的时候，一讲到年薪制，大家都很高兴，为什么？因为年薪

[①] 市场分割就是市场细分，其重要的核心就是让同一个市场达到最大的同质化，不同的分割市场达到最大抑制化。

制就代表着钱多,为什么这么说?因为以前的国企领导的工资很低,国企领导的平均工资不得高于职工平均工资的六倍。当时国企领导的工资是参照政府公务员的标准给定,可以比公务员高,但是不能高得太多。但值得注意的是,理论上,国有企业领导和公务员的工作性质不同,应该使用不同的薪酬方式,所以这就带来了很多问题,特别是对于那些效益好的国有企业。大家可能听说过一个例子,红塔集团的褚时健,当时对红塔集团的贡献非常大,他带领全厂职工艰苦创业,把一个名不见经传的小厂发展成为亚洲第一、世界第五的现代化烟草企业。但临近退休,他拿了一些钱分了,这是一起腐败大案,在全国引起了很大震动,也引起学术界各方面的反思。如果当时按年薪制付薪,褚时健应该可以拿到较高的工资,那他可能就不会出现该问题。当时的学者都在思考怎么解决这个问题,而当年薪制的问题解决后,又出现了新的问题。在正常的市场机制下,规范年薪制下国企领导的年薪是在市场价格机制下形成的。董事会都希望用最低的成本招聘到最合适的高管人员,而职业人的目标是获得更高的工资。那么这里面就存在董事会和职业人之间的博弈,最终会形成一个比较合理的价格。但是这样的价格形成机制仍存在缺陷。国企中的董事长和总经理有很大差别吗?他们都是国有资产的代理人,不同于其他市场化企业的董事长和总经理,而其他市场化企业的董事长代表的是投资主体,他与总经理之间是雇用和被雇用的关系。那么国企的董事长去监控总经理还有意义吗?会有效吗?所以在这种情况下,它不可能构成有效的价格形成机制,而其他的政府主管部门也替代不了。所以这种情况导致国企领导的价格很难形成合理的均衡,这也是中国国企高管年薪不断"偏高"的原因。

第二个问题是行业性垄断也十分严重。2011年5月9日,媒体报道了一则备受大家关注且引发热烈讨论的新闻:

中海油的员工的人均年薪达到 38.67 万元。

后来中海油出面解释道：工资中包含了人工开支。但无论如何人均年薪 38.67 万元，这在当时是一件非常令人关注的事件。

国企引进的现代企业制度，其重要机制是所有者和经营者的博弈，形成经营者合理的市场价格；然而董事会不是真正的所有者，董事长和总经理的身份本质上是相同的，形成不了有效博弈；上级监管部门由于信息不对称也难以构成真正的有效约束。

从计划经济到市场经济人力资源管理发展思路

关于国企改革的问题，在这里我只讲了薪酬方面存在的问题，但其实它包含了方方面面。那该如何解决这些问题呢？

（一）依靠机制解决中国人力资源市场完善和深化问题

国企改革下一步到底该怎么做？大型国企人力资源改革的重点在于解决所有权和经营权分离所带来的信息不对称和激励不相容的矛盾。我十分认同林毅夫教授[①]提出的依靠市场充分竞争的解决思路。为什么？如果国企真的市场化了，它的种种政策性负担将不复存在，效益不好的国企领导将背负巨大压力。国有企业寻租的想法也将化为泡沫，因为完全竞争市场中商品的价格是透明的，企业一旦寻租就会立马显示出来。而且在完全竞争市场中，有合理的市场价格评判机制来评价经理人的绩效，每个行业每年都会有平均利润率，如果企业的实际利润率低于平均利润率，那就说明经理人的管理能力有问题；如果企业的实际利润率高于

---

① 林毅夫，北京大学国家发展研究院联合创始人、名誉院长、教授、博士生导师。

平均利润率，经理人就会得到应有的肯定和回报，由此可以解决信息不对称和激励不相容的矛盾。

深化市场机制是解决经理人选聘、激励和控制问题的有效途径。由此，必须剥离企业的政策性负担，真正把国有企业完全推向市场竞争状况。

从计划到市场是人力资源管理下一步的发展思路。一旦迈开这一步，很多行业分割问题也会得到解决。大家毕业后都想到一些好行业去工作，对不对？效益好的行业如中海油、中烟、电力，但这些行业都很难进。实际上，只有深化改革才能打破行业分割现象，这是第一个问题。第二个问题，在整个市场发展过程中，人力资源管理滋生出一个更难的问题：贫富差距加大。同时，我们也面临着很多社会难题，如就业压力大。这也是我们需要从宏观层面、经济层面上仔细研究的问题。

（二）依靠比较优势发展经济，实现公平和效率的统一

几年前，我请樊纲教授①来长沙讲课，当时他给企业家讲课的时候说到落后就是中国发展的一个重要的优势。这句话听起来是不是很矛盾，我们一起看一看这句话的内涵。作为发展中国家的中国，要素禀赋结构完全不同于发达国家。我们在过去很容易走的一条路就是"赶超战略"②，大规模建立资本密集型产业，失去比较优势，导致就业机会减少，失业和隐形失业迅速增加，已就业的员工工资也会受到抑制。缺乏比较优势，资本密集型产业在国际市场上是缺乏持续竞争力的。因为资本密集型产业通过投资拉动带动经济发展，它的一系列的财务指标可能很好看，但是后劲不足，该怎么办呢？这些企业要发展，就只能给它扶植，给

---

① 樊纲，经济学博士，北京大学、中国社会科学院研究生院教授，国家级有突出贡献的中青年专家，中国经济体制改革会副会长，中国改革研究基金会秘书长，国民经济研究所所长。
② 赶超战略是指采取扭曲产品和要素价格的办法和以计划制度替代市场机制的制度安排，提高国家动员资源的能力，突破资金稀缺的比较劣势对资金密集型产业发展的制约，进而使产业结构达到先行发达国家水平的发展战略。

它补贴，给它更多的资源，给它更好的税收政策。如果还不行，还需要再投资，这便形成了一种恶性循环。国家资金不够就借外债，到了一定的时期企业的发展便不可持续了。这里面有个很大的问题，由于未能按照比较优势发展，产业难以持续生存，为了维持经济增长，国家不得不给予直接或者间接的补贴，实质上这些补贴恰恰来源于穷人们，他们不仅收入受到抑制，还补贴富人，贫富悬殊会不断加剧，第二次世界大战后的"拉美危机"[①]就是源于这种"赶超战略"。现在，经济学里把"拉美危机"称为"拉美陷阱"，它指的是短期内依靠投资拉动经济快速增长，随着剩余减少，经济增长减速，转而寻找外资维持成长，最后到外债偿还时陷入金融危机和社会危机。所以，我们可以注意到，中国的人力资源市场的发展和中国的整体经济发展是紧密相连的。

中国的比较优势是劳动力价格相对低廉，据此应该大力发展劳动密集型产业，包括服务业、制造业等。劳动密集型产业可以创造较多的就业机会，让那些依靠自己劳动力的穷人得以充分就业，分享经济发展的成果，在国际市场上也可获得较大的利润和剩余，资本就会快速积累，从而推动中国要素禀赋结构调整，逐步出现资本较多、劳动力较少的局面，导致工资不断上升，资本回报下降，使中国在经济发展中实现收入分配结构的改善，形成社会和谐、持续发展的格局。为什么？劳动力收入高自然促进消费，整个社会就会形成良性循环，这可能是我们下一个阶段的发展趋向。按照这个趋向，中国的人力资源市场化就会相对和谐，劳资关系的冲突也会缓和。

---

① 拉美危机的成因源于20世纪70年代油价暴涨带来的过剩流动性和流入发展中经济体的石油出口国储蓄。

引申出的学习方法或问题讨论（3-1）

"李约瑟之谜"：为什么在公元前一世纪到公元十六世纪之间，古代中国人在科学和技术方面的发达程度远远超过同时期的欧洲？为什么近代科学没有产生在中国，而是在十七世纪的西方？（请大家阅读本讲所推荐的林毅夫《中国经济专题》中的相关资料，写成一篇1500字以上的论证材料，必须包含人力资源方面的内容。）

第四讲

中国经济"发展转型"下的人力资源管理

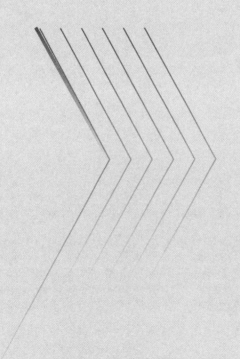

教学目标

- 分析理解中国从农业经济向工业经济转型过程形成的人力资源管理特点,了解两种经济形态并存时期形成的冲突和矛盾

- 重点关注中国长期自然经济背景形成的与西方不同的人力资源管理特点

- 注意中国本土东南沿海和中西部欠发达地区因经济转型程度不同而形成的人力资源管理差异

创新性教学提示

- 引导读者通过情境切换理解中国农业经济背景下的人力资源管理特质,如缺乏效率意识、缺乏协作精神等

- 引导读者从中国自然经济背景特征角度思考和分析工业4.0建设的优劣势

本讲纲要

本讲主要运用经济学的方法解析不同经济模式下的人力资源管理主要特征,在剖析农业经济、工业经济和知识经济人力资源基本特征的基础上,解析了中国"发展转型"时期人力资源管理的高动态性、多元性所带来的基本规范缺失、浮躁等现实问题,试图帮助读者认识到当代中国转型和高速发展经济背景下人的主要思维和行为特征,为进一步解析中国人力资源管理问题奠定基础。

今天我给大家讲解第四讲的内容：中国经济"发展转型"下的人力资源管理。在上一讲的最后，我给大家留了一个李约瑟之谜的题目——为什么资本主义和现代科学起源于西欧而不是中国或其他文明？[①] 这个题目的谜底到底是什么呢？很多学者都有不同的观点。其中，有个非常重要的观点是：在中国的发展过程中，中国的文化是自成体系的而且有其自身的强大约束力。这种文化所带来的约束力压制了中国经济的转型发展。

中国经济的转型发展过程是从农业经济、自然经济向工业经济转化。因此，到了发展转型阶段便深刻受到中国传统文化的影响，即形成了一种文化体系、一种经济模式下的观念上的障碍。这种障碍的惯性非常之大，而且有时候它对人力资源管理的影响会比体制方面的影响更为深刻，这也是我们将发展转型作为一个重要内容进行讲解的主要原因。

我国处于双重转型经济时期

我们先来看一下中国经济发展的背景。整个中国的经济转型是一个双重转型的格局：体制转型——计划经济到市场经济；发展转型——农业国家发展到工业国家。我们来看发展的转型过程：实际上，中国的经济发展是从农业经济开始的，但因中国是农业大国，所以基本上也用农业经济来替代自然经济。因此，我们一般将中国的经济发展划分为农业经济、工业经济和知识经济。那么，中国的经济发展目前正处于什么阶段呢？从图4-1中可以看出：第一，中国处于农业经济向工业经济转型的阶段；第二，我们国家的部分领域直接跨入知识经济，而且这种转型是综合性的转型。实际上，中国现阶段存在三种经济模式，它们交织在一起共同影响着这个时代的人的思维和行为。

---

① 摘自《李约瑟中国科学技术史》。

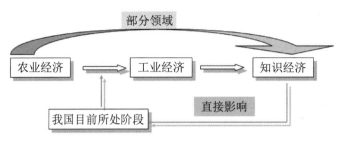

图 4-1　中国经济发展所处的阶段

农业经济沉淀的人力资源管理典型特征及影响

在上述背景下,我们按照因素分析①的方法来了解农业经济沉淀的人力资源管理的典型特征以及它们对现代的影响。在农业经济背景下,人和自然和谐,构成一元系统。在整个生产过程中,自然力主导着生产,生物的生长节律制约着生产效率,整个社会的生产动力主要依靠自然力,整个社会生产效率低下。

该阶段的社会生产力低下且物质匮乏。我们曾去查过中国古代历史上所谓的"太平盛世",其实这些"太平盛世"并不是我们想象中的生活富足,也就只是能够吃饱而已。这些时期的生产力大家可想而知,整个社会的运行是低效的。而相应的"人力资源"也主要是以体能为主导,智能未能大规模有限开发。这样就会导致在体能为主的时代,人心简单淳朴,人际关系简单。在这种简单关系的背后,很多问题也会随之出现。例如,男性的地位会非常高,其原因就是农耕是整个社会主要的生产活动,拥有较强体力的男性在生产部门中逐步居于主导地位。生产与生活方式的变化会导致体能优势者成为了权力的主导。

为了考察中国农村的现状,我曾经带着我的研究生到了中国的八个农业大省,在这个过程中,我就明显感觉到了与城市不同的淳朴之风,尤其是在偏僻的农村,至今都还保存着那种淳朴之风。比如,如果村民看到有客人来,他们就会

---

① 因素分析法,又称指数因素分析法,是利用统计指数体系分析现象总变动中各个因素影响程度的一种统计分析方法。它是现代统计学中一种重要而实用的方法,是多元统计分析的一个分支。

毫无保留地把家中最好的东西拿出来招待客人。

在这个社会阶段的人主要关注基本生存需求，人们关注的是如何生存下去，这也就是中国很多节日都与吃有关的部分原因。在这种状态下，在欲望上面也就是我们所说的消费，在过去是被抑制的。

在漫长的、周而复始的同质化社会的经济过程中，沉淀了深厚的农业经济思维特征。如图4-2所示，在农业经济中，整个思想行为特征是以经济、文化、制度为基础的，那么按照这么一个层级图来看，在过去中国的农业社会，处于思想和行为特征底层的经济模式几千年是没变的。而文化体系从汉武帝罢黜百家、独尊儒术之后，两千年都没有大的改变，进而制度也就没有多少改变。我们看这个"房子"的结构是怎么变化的呢？封建王朝是不断地改姓易主，就像三国演义里面所说——"天下大势，合久必分，分久必合"一样，但是这种更替也只是把"地基"上的"房子"拆了，而思维模式的同质化就使得新建的"房子"还是原来的模式。这种"重复建设"就是我们所说的"周而复始"。我们经常可以看到在古装剧中有这样的场景，遇到一个需要君王决定的事情时，某一个大臣会这样说："陛下，应该这样处理……为什么呢？因为在过去某朝某代，某一个著名的君王，就是这样干的……"然后另外一位大臣就会说，应该那样处理，类似的原因——在过去某朝某代碰到类似的事，另外一个著名的君王就是那样干的。这个就叫作以史为鉴，这是非常有效的一种处理方式。为什么会有效呢？因为农耕时代整个国家的文化基础是一样的，经济基础是一样的，制度基础也是一样的，那么这段时期所遇到的人力资源管理问题，大多数都惊人地相似。然而，到了今天，我们是在不同的经济基础、文化基础上进行生产，过去的模式还能照搬吗？我们不得不面临很多不同层面上的创新。几千年以来，由于我们的生存方式不变，社会模式不变，导致思维特征固化很严重。中国的农业经济，沉淀了其特有的人力资源管理方式，这种思维的固化对我们的影响还是很深刻的，我们必须正视其对我们的影响。

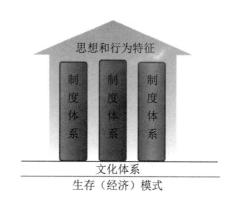

图 4-2　多种因素综合影响人的思想和行为特征

我们再看农业社会的其他特点。第一，男权主导，以家庭为单元，构成相对简单的社会人际关系系统。第二，敬畏自然，崇尚土地，形成天人（自然）合一的思维逻辑特征。在农业经济社会，中国人的土地情结很深。几千年的中国历史，从某种角度来看就是争地盘的历史。皇帝打来打去打什么？其实就是打江山，争地盘。皇帝赏赐给那些跟着他打天下的战功赫赫的将军们的也是土地。另外，历史上的很多贪官，费尽心思贪污得来的钱财最终也是投到了土地上。大家不仅在活着的时候争地，而且死了还要争块好墓地，这个情结到今天还在深刻地影响着我们。中国人为什么费劲买房子？这都是受到"崇尚土地"这种情结的影响。传统社会中我们中国人结婚有个习惯，第一拜就是拜天地，由此可见，土地对我们的重要性是不言而喻的。第三，强调群体，抑制个体，构成内敛求同的处世特征。有句古话叫作"木秀于林，风必摧之"①，大家都在求同，这与美国人开放且强调自己个性的文化大不相同，这就是文化差异。第四，崇尚节俭，抑制欲望，持有重农轻商的朴实思维。第五，产生了忽视效率、自由散漫的工作习惯的问题。在人力资源管理中，有时农业经济对我们的影响是很让人头痛的，记得有一次，我开车去湘西的一个企业考察，在考察的过程中我发现整个湘西的节奏都比较缓慢，不仅人的节奏慢，甚至连动物的节奏都慢一些。公路上有牛慢悠悠地

---

① 语出自三国时魏国文学家李康的《运命论》。

走，我按喇叭，它并不予理会。靠近公路附近的地方有片大树荫，几只狗就趴在那儿睡觉，我又按喇叭，它也不理会，悠然自得地躺在那里。记得当时我们到那个企业开会，约定的时间是七点半，然而八点半了人还没到齐，企业的负责人问我对当地的感受是什么，我说我最大的感受就是觉得这个地方很悠然，效率相对来说也比较低下。农业经济的节奏是比较慢的，所以人的思维和行为的习惯都不一样，而且，在这个过程中它会更加关注整体，忽视细节，进而就形成粗放的工作态度和工作习惯。

我们可以明显地看到在如今的中国，哪个地方农业经济的背景越深厚，该地方农业经济的主导性也就越明显，制作出来的东西也就越粗糙。为什么？这是因为在农业经济下，大家是以"挖土"的思维方式去工作的。大家以为，一锄头挖下去，深一点浅一点并没有多大的关系；一把种子撒下去，多几粒少几粒也没多大关系。农业经济的生产模式就是粗放式的，所以它做的东西也比较粗糙，缺乏精细的习惯，而这些恰恰都是如今工业文明所要摒弃的。工业文明习惯和农业文明思维行为习惯不兼容，所以它会对生产产生影响。

与工业经济相匹配的人力资源管理典型特征

我们来再看工业经济这个领域：工业经济是基于人造系统形成的日趋精细的分工协作体系，在这个过程中，人与自然形成二元系统。我讲的这个二元系统有特殊说明：工业经济先要建立一个生产系统，然后再来生产，我们往往是先投资（改革开放是大规模工业化的过程，所以我们到处看到"投资"这个词）。比如说建设钢铁厂，要建炼铁炉、炼钢炉，要建热轧车间、冷轧车间，还要建焦化厂、建动力厂、建运输系统，这是一个非常庞大的系统，每一个人在这个系统里面都是一分子，形成一种精密分工、紧密协作的运行体系。在这个阶段里，人工动力系统替代了过去靠天吃饭的自然动力系统，生产效率取决于生产系统水平，系统不断优化导致效率不断提升，全社会处于高速发展动态之中，物质日益丰裕。所以，工业化从一诞生就决定了社会将会转变为动态化的。这是为什么？举例来说，一个钢铁厂，有专门的人在研究冶金炉的炉体结构和用炉的材料，研究冶金炉的冶金过程，研究催化剂，研究轧钢的设备控制系统。每一种研究成果，最后的落脚点都是系统效率提高，分工越来越细，越来越错综复杂。所以在工业化的过程中，正是由于它的高效率，我们的物质才越来越丰裕，同时我们生活的动态性会越来越强。工业经济不像农业经济，农业经济可以几千年维持一个模式。假如我们把纵坐标画成效率曲线，横坐标画成时间曲线，可以说在过去几千年的农业经济，几乎是条水平线。相反，这几十年的工业化过程变成非常陡的一条线，这就使得在工业经济下我们的动态性更强。

如果按这种踪迹上的变化，我们生活一年的效率可能相当于古代生活的几百年甚至上千年。正因为这样，我们的物质就会变得越来越丰裕，人力资源的使用逐步进入到智能主导时代，而人心也会告别简单淳朴阶段，人际关系也会趋向复杂化。这是因为人的横向联系很复杂，过去人是直接和自然去对接，而现在人主要在人造系统里面进行对接，然后，系统再和自然对接，这就造成了人和自然逐渐疏远的现象。在这种情况下，快速变化成为了一个基本特征。这种快速变化又是高动态性的，所以人心很难再持续保持安宁，精神上更加空虚，人心更容易浮躁。我们要注意到快速变化、物质丰裕是工业化时代下人力资源管理的主要背景特征。

接着讲另外一个特点——家庭功能弱化。前面讲过，以前家庭是基本的经济组织，也是基本的生活单元，但现在家庭功能弱化了，组织成为社会的重要单元，男女趋于平等。

记得我在某个地方做讲座的时候，有人递了张纸条问我：请问颜教授，为什么现在离婚率越来越高？我说："这也算人力资源管理问题吗？我在这里主讲人力资源管理的课程，无关的问题就不回答了吧？"下面递纸条的人站起来说：

"颜教授，这应该算的，这是人力资源再生产的组织模式问题，也算得上人力资源管理问题。"

其实，这个问题真的很值得研究。现在家庭功能弱化很多，以前它既是生产组织，又是生活组织。在这种情况下，家庭就是社会的最基本的组织单元。而现在家庭的组织功能，很大一部分移到了经济组织、企业这些单位里去了。家庭退化成为了一个真正意义上的生活港湾，所以在这种情况下，家庭的组织稳定性确实面临着挑战。同时，因为工业经济越来越以智能为主，男女会趋于平等，人和自然系统逐步隔离，人人归属于不同的人造系统，随着社会的分工和协作的深化，人际关系趋向复杂化，这也就造成了大家开始释放自我，彰显自我，出现人际关系交往越频繁关系越复杂化的现象。但是，在这个过程中，每个人又想找到自我。因为传统的做法是抑制自我、强调群体的。那么释放自我，又彰显自我，个体之间不断的自我彰显之后，冲突就频繁了。

知识经济时代应有的人力资源管理典型特点

知识经济时代人力资源管理有哪些特点呢？第一，生产动力和效率由知识主导。第二，人造系统和人工智能完全主导社会生产的各个领域——农业经济、工业经济、知识经济。应该说知识经济是我们未来发展的一个方向，工业经济是中间的一个过渡阶段，那么这个时候的知识经济整个就是依赖智能人力的使用，人的体能面临退化的危险。第三，人际交往被人造系统严重隔离，人的社会性本质受到挑战。我们现在面临的一个挑战就是，大家在电脑中的社交软件中交友，产生了很多"宅男宅女"，这反映了社会的很多变化，人力资源管理可能需要更多地关注心灵慰藉方面的问题，关注自然回归和人际交往等方面。

转型经济时期人力资源管理典型特点和对策

在过去的社会发展历程中，两种模式交错融合在一起，那么这两种模式融合在一起会出现什么呢？我们看看宏观层面带来的问题。在农业经济背景下，资源配置结构是什么样的呢？我们可以看到，基本上是依靠大量的人力、广阔的土地及少量的工具（即资本），那么工业经济就是利用大量的资本和比较少的人力来配置资源。在这种情况下，从宏观层面来看，土地方面会释放出很多劳动力。而很多资本才能吸收少量的劳动力，这就造成了工业社会总量上人力资源供大于求的矛盾。至少在中国，我们认为该矛盾还会长期存在，因为我们现在处于转型阶段，所以就应凸显优先就业的发展战略。人力资源结构上短缺的矛盾将长期困扰经济发展，所以应按照比较优势发展经济，注意到人力资源结构上短缺的矛盾。什么是结构性短缺呢？结构性短缺指的是某个时间段内某个行业或者说某个领域的劳动力需求无法供应。也就是说，可能会出现这样一个现象：很多人找不到事做，但是很多事又找不到人来做。因为我们的经济发展太快了，很多新兴领域紧缺真正称职的、合格的人才。所以，我们要深化人力资源市场机制，尽快消除市场分割，这都是解决问题的途径。

高端人才的竞争将日益激烈，大企业需构建优秀的自身育人机制。研究发现，优秀人才永远是稀缺的。大家能够理解我为什么用"永远"这个词吗？因为优秀本身就是相对的，而且永远也是相对的，所以它永远是稀缺的。在这种情况下，高端人才的竞争将日益激烈。以前很多企业发展是靠"挖人"，而如今企业想要发展必须要靠"育人"。

舒尔茨[①]认为，国家经济的持续发展一定是依靠整体的人力资本投资来推进的，这是一个非常重要的经济增长内力。那么从宏观层面来讲，政府必须通

[①] 舒尔茨在经济发展方面做出了开创性研究，深入研究了发展中国家在发展经济中应特别考虑的问题，从而获得 1979 年诺贝尔经济学奖。

过立法形式，加大人力资本投资力度，保证人力资本对经济增长的持续支持。因为人力资本投资的外部效应比较明显，外部效应比较明显的一些投资应该靠政府这样的公共投资来拉动。而且政府需要深化人力资源市场建设，逐步确立工会的人力资源市场主体地位，完善劳资合作市场机制。在现阶段的中国，工会的市场主体地位并没有真正意义上形成。这就构成了在整个人力资源市场结构上的一个缺失，会引发很多的问题。所以，我们要完善劳资合作市场机制，进一步完善社会保障体系，使人力资源的市场竞争机制能得以充分发挥。企业必须面对人力资源管理的浮躁和粗放的难题，致力于建立长效机制，解决人力资源管理系统效率问题。实际上，现阶段人力资源管理上的另一个问题是动态性强，动态性会使人的成长和结果有很大的差异。这就是为什么在中国出现80后、90后这样的新生代员工之间特质差异很明显的原因。因为社会在不断发展，人们的成长环境大不相同，动态性很强，所以差异性很大。这些都是现在企业转型时期的特点。

引申出的学习方法或问题讨论 (4-1)

依据农业产业模式和工业产业模式的差异，讨论为什么工业化早期反而出现更多的失业。

第五讲

文化对人力资源管理的作用机理

教学目标

- 理解文化和制度（含法律）对人的不同作用特征和功能
- 掌握文化对人的"思想域"的作用机理，进而理解文化对人力资源管理的重要作用
- 重点理解文化刻模理论、轴心理论，并运用于分析当今中国诸多行为失范问题
- 帮助读者形成从文化建设角度解决人力资源管理问题的思维方法

创新性教学提示

- 引导读者运用严谨的数理思维来解析文化和行为问题
- 引导读者从文化的深度和历史的广度研究和分析现实问题

本讲纲要

本讲旨在解析文化对人力资源管理的作用机理，为进一步分析中国传统文化对现代人力资源管理的具体作用奠定基础。首先讲解了经济状况、文化、组织文化和管理的作用关系，在阐述文化内涵、结构和层次的基础上，分析了文化通过模因、价值认同对人思维和行为的作用机理，并运用有关机理重点解析了我国经历文化第二轴心时代所面临的诸多问题。

第五讲 文化对人力资源管理的作用机理

前几讲主要分析了经济背景的变化,并解析了中国双重转型经济背景下人力资源管理的有关问题。其实,人力资源管理的学习逻辑就是深刻认识到经济背景之后,再来研究文化背景对其产生的影响。因此,本讲重点讲解文化对人力资源管理的作用机理,并在此基础上剖析中国文化的一些主要特征及主要的文化基因,以此来了解它们是如何影响中国的人力资源管理。

▍导入

西方的文化在近三五百年之间对人类社会的发展产生了巨大的影响,但时至今日,我们已经看多了由于人类对自然的无量开发和无情掠夺造成了资源的浪费、臭氧层变薄、海洋毒化、环境污染、生态平衡的破坏等,这种可怕的现象已经严重地威胁到人类自身生存的条件。

所以,1992 年,世界 1575 名科学家发表了一个宣言——《世界科学家对人类的警告》,宣言开头就提到:"人类和自然正走上一条互相抵触的道路。"造成这种情况不能不说和西方哲学"天人二分"的思想有一定的关系。

如何将多民族的大国统一并巩固下来,对其进行有效管理是很不容易的一件事。最大的困难在于中央政府要绝对的统一,没有绝对的权力,它不能支配全局。既要保持小农经济的生产,又要维持中央政府的绝对统治,在这一对长期的矛盾当中,怎么取得平衡,让它有效运转?找到这条有效的道路差不多花了一千年。直到唐朝才开始找到这条道路,而从理论上提出则是《大学》这本书。修身、齐家、治国、平天下;对内是正心、诚意、格物、致知,要求一个人从内心到行动都要纳入这个大一统的国家的要求范围内。

1988 年,诺贝尔奖得主阿尔文在巴黎的例行聚会中,谈到 21 世纪人类需要什么思想时,几经斟酌之后的答案不是别的,正是孔子思想。孔子思想能够跨越时空局限,突破语言、种族与宗教的藩篱,受到有识之士的推崇,主要是因为其中包含了几项因素,如温和的理性主义,肯定人类可以借由教育与学习而施展潜能;如深刻的人道情怀,强调人我互重,"己所不欲,勿施于人";如乐观的人生理想,相信德行修养是人人可以达成的目标,因而可以活得快乐而有意义。以孔子思想为立足点,人类既不会毫无抵抗地随顺俗化与物化的浪潮,也不会因为宗教信仰的差异而形成尖锐的对立与冲突。

文化、组织文化和管理的关系

文化、组织文化和管理之间有什么关系?我们一直很强调生存状况、经济状况、经济模式的基础性影响,同样在这里生存状况决定着文化状况,它是文化滋生的背景,而社会的大文化决定组织文化。组织文化是社会的大文化背景下的作为一个组织管理的支撑平台,这是一种层层支撑的结构关系。

从图 5-1 中可以看出,中国企业的管理深刻地受制于企业文化的影响,中国社会大文化背景又深刻影响着企业文化,而且现代经济背景又深刻影响着中国社会大文化,所以研究文化离不开经济背景。同样,我们在研究管理的问题时也离不开文化的背景。

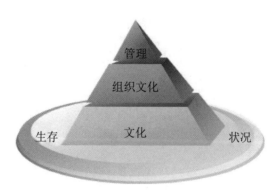

图 5-1　文化、组织文化和管理的关系图

文化的内涵及结构

我们先来了解文化的内涵，到底什么是文化？什么是文？什么是化？从字面上来看，中国最早的"文"出现于《易·系辞下》"物相杂，故曰文"。《礼·乐记》中写道"五色成文而不乱"，引申为文雅，常和"质"或"野"对称。"化"，本义为改易、生成、造化，如《庄子·逍遥游》"化而为鸟，其名为鹏"。《易·系辞下》"男女构精，万物化生"。

"文""化"连用首见于《易·贲卦》"文明以止，人文也。观乎天文，以察时变；观乎人文，以化成天下"；《辞源》对文化的解释是"文治和教化"，汉刘向《说苑·指武》言："凡武之兴为不服也，文化不改，然后加诛"。辞源的定义强调了"文化"和"武功"的对应性，其外延较之西方广义的文化概念——"人类文明的总和"窄一些。

实际上，中国的文化思想无处不在，我上次到湘西去讲课，就谈到湘西的几个地名，例如"怀化"，这个地名就是说原先这个地方的人不太听话，所以说要"怀"，怀是一种安抚、爱抚、关爱的意思，然后怀而化之。还有"绥宁"这个地名，实际上也是让它宁静、平和下来。所以，"化"的概念，在汉朝就已经是教化的意思了。实际上，对文化的理解是多种多样的，可以说不同的人有不同的看法。

1871年，英国文化学家泰勒在《原始文化》一书中提出了狭义文化的早期经典学说，即文化是包括知识、信仰、艺术、道德、法律、习俗和任何人作为一名社会成员而获得的能力和习惯在内的复杂整体。我们有时候讲的广义的文化是指在人类社会发展过程中，所有创造的物质财富和精神财富的总和。实际上，这个文化是一个很宽泛的概念，也几乎包括了精神的、艺术的等所有内涵。

文化的结构是指由不同层次、不同种类的文化构成的统一整体。美国跨文化交际学的创始人霍尔将文化划分为公开文化和隐蔽文化两个部分，他于1959年在《无声的语言》一书中指出："文化存在于两个层次中：公开的文化和隐蔽的文化，前者可见并能描述，后者不可见甚至连受过专门训练的观察者都难以察知……文化所隐藏之物大大甚于其所揭示之物。"

那么到底什么是文化？我们可以通过一个冰山模型来理解，如图5-2所示。我们倒过来看这个冰山模型，这里的冰山模型一部分是显性文化，包括语言、艺术、文学、宗教、音乐、服饰等；另一部分是隐性文化，包括宇宙观、审美观、角色意识等内隐的一些价值体系。那么整个文化无论是显性还是隐性，都包含其中，此种理解下的文化的概念是相对狭义的。

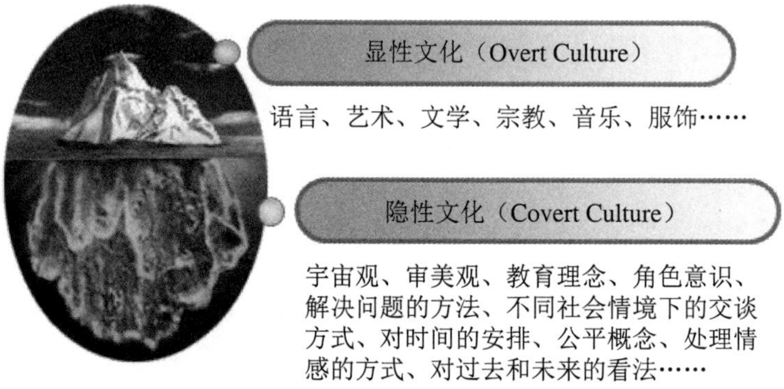

显性文化（Overt Culture）
语言、艺术、文学、宗教、音乐、服饰……

隐性文化（Covert Culture）
宇宙观、审美观、教育理念、角色意识、解决问题的方法、不同社会情境下的交谈方式、对时间的安排、公平概念、处理情感的方式、对过去和未来的看法……

图 5-2　冰山模型

我们著名的学者钱穆先生[①]将文化结构划成了三个阶层，如图5-3所示。精神的，面对的是心世界；社会的，面对的是人世界；物质的，面对的是物世界。文化的面很宽，每个人赋予的内涵是不一样的。举一个例子：

经常有一些企业界朋友向我咨询企业文化方面的问题，他们经常问的问题就是该怎么做好企业文化。我就问他们想做什么？有些企业家拿一堆东西给我看，例如公司徽标、名片等。实际上这只是文化里面的一部分内容，它们只是属于企

[①] 钱穆，江苏无锡人，中国学术界尊之为"一代宗师"，更有学者谓其为中国最后一位士大夫、国学宗师，与吕思勉、陈垣、陈寅恪并称为"史学四大家"。

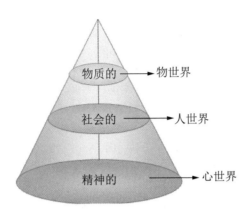

图 5-3 文化的结构——广义的文化层次

业文化里的 CIS① 或者 VIS②。还有一些企业家跑过来跟我说要搞企业文化，我问他做什么？他说只是想丰富员工的业余生活。

不同的人会赋予文化不同的内涵。我们要理解文化，我们在这里要讲解的文化是一个非常重要的、宽泛的概念，主要讲的是精神和社会层面上的文化。

有一次，我给一些中小民营企业家讲文化时，一位企业家朋友站起来对我说："颜教授，这个文化太深奥了，你能用一个最通俗、最简单的例子来给我们讲讲文化是什么吗？"我当时想了想，指了指门口的卫生间，说："大家平时上的卫生间就是一种文化的体现。"当时，听课的人都不太理解，我继续解释道："我们有男卫生间和女卫生间，这不就是代表人类文明的进步吗？"

所以说，大家一定要用简单概念来理解文化，能够代表人类文明进步的一切物质和精神的东西都可以称为文化，当然这不是严格的概念，只是为了帮助大家

---

① 企业识别系统 (Corporate Identity System，CIS)。
② 视觉识别系统（Visual Identity System，VIS），它是以标志、标准字、标准色为核心展开的完整的、系统的视觉表达体系。

更好地理解。所以我讲到文化的时候，经常会提到卫生间这个例子，既然有男卫生间和女卫生间之分，肯定代表文明的进步，而这些在其他物种中是没有的。其实，生活中的文化无处不在，比如说女士身上的配饰，也是一种文化，这是对美的追求。

文化对人行为的影响机制

接下来，我们来了解文化对人行为的影响机制。我们倒过来看，通过后面的作用来研究它的机理，这样就能更进一步来理解为什么文化能超越法律，超越道德。著名的经济学家厉以宁教授[①]指出："习惯与道德调节是市场调节、政府调节以外的第三种调节，它的作用是市场调节和政府调节所替代不了的，也是法律调节所替代不了的。"所以，我们在做管理学研究的时候，经常会遇到这些问题，比如说营销，一定要考虑到地方的文化。

早期有个很有名的营销案例：有一种茶叶，当时叫作茉莉花茶，在内地一直是畅销产品，但是拿到香港地区去卖效果却不好，为什么？后来调查发现香港地区的方言"茉莉花"的发音就是"没利发"的谐音，当地人都认为茉莉花茶寓意不好，都不愿意购买。

（一）文化超越法律、道德对人行为的影响功能

文化对人行为的影响和调节有时候超越了市场，超越了政府。我们很多行为都会受到习俗的影响（图5-4）。法律告诉人们什么事能做，什么事不能做，这是调节人们行为的一种途径，它是更为刚性、更为基础的约束体系。在现代，社会法律成为社会秩序最具刚性的保障体系，它和其他机制交叉互动发挥对人行为的

---

① 厉以宁，江苏仪征人。著名经济学家，中国经济学界泰斗。

约束和控制职能，市场机制有相当的部分也要通过法律形式予以保障。人、法律、道德、文化的关系如图 5-4 所示。

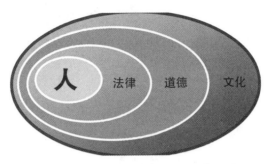

图 5-4　人、法律、道德、文化的关系

然而，道德在社会生活中的调节作用，主要源于社会舆论和内心信念维系的双重作用。一个人若违背社会道德，如不仁不义、不忠不孝，便会感受到来自周边群体的社会压力，以约束其行为。道德源于内心信念体系衍生的自律。

现在，我们把焦点放在文化对人行为的影响功能上面。在西方，文化对个体影响机制的研究，多集中于心理人类学及跨文化心理学等领域。

第一，文化刻模个体，文化就像一个刻模饼干的模子，单个的人如同这同一模子刻出的饼干，文化的印痕被打在每个人身上，无一例外，在同一文化背景下成长的人的个别差异主要体现于刻模的好坏与深浅程度。比如说中国文化，我们将它理解成一个大模具，我们中国人在里面一经冲压，Made in China 就形成了。这个饼干整体上可能是圆形的，但对每个个体来讲，可能是圆形，也可能是椭圆，而且印痕深浅程度可能也会不同，但是它们之间仍然有很多相似的地方。

第二，个体形塑文化，文化只是个体的放大，它是大部分个体的综合印象，因此并不与其个体一模一样，但文化与个体也有"一对一"的关联。

第三，文化在个体脑海中，个体在生活过程中所形成并储存于脑海中的思想、观念、意识、态度等文化信息，深深影印在每个人的脑海里面，并通过人的信息处理过程影响到个体的外在活动及其行为。更通俗的理解就是文化影响人的思想域。它储存在脑海里,形成了思想、观念、意识。如果用数学语言来描述的话,它就是函数的域,文化影响一个人的思想域。它的思想域作为一个函数关系,给出了一定的约束条件。那么在一定的文化背景下的人,他的思想域就在该文化背景下进行思考,而这种思考之后就构成了他的思维和行为特征。比如我曾经给大家讲过,在农业背景下要强调群体,抑制个体,个体与群体之间是一种归属、依赖、归顺的关系。所以,中国人的思维和行为更多地会表现出含蓄和内敛的特征,而美国文化强调个体,所以他们的性格就会张扬许多,这便产生了一种文化差异。文化的影响是很深刻的,在此分享一则案例:

当代美国人类学大师格尔茨[①],写过一篇风靡人文社会科学界的经典名著《深层的游戏:关于巴厘岛斗鸡的记述》,文中有下面这一段描述。

巴厘岛上的斗鸡游戏,虽然被行政权力以迷信和赌博为由明令禁止,却始终屡禁不止。格尔茨经过实地观察与研究,发现在"斗鸡"的传统风俗背后,蕴含着丰富的文化社会功能:它通过仪式化的典礼,实现了巴厘岛内部的阶级、文化和宗族分层,强化了宗族的集体认同感和对自我的理解。

(二)文化通过"模因"选择压力影响行为

英国生物学家道金斯[②]于1976年在《自私的基因》中首次提出了文化模因一词,以模仿生物传递单位基因。他认为模因是一个表达文化传播的单位,或一个复制的单位,如旋律、观念、宣传语、流行的服饰。

文化通过模因对人行为的影响机理是什么样的呢?模因是不断模仿过程中形

---

① 格尔茨,美国人类学家,解释人类学的提出者。
② 道金斯,英国著名演化生物学家、动物行为学家和科普作家,英国皇家学院院士,牛津大学教授。是当今仍在世的最著名、最直言不讳的无神论者和演化论拥护者之一,有"达尔文的罗威纳犬"(Darwin's Rottweiler)的称号。

成的共性的文化概念,是和基因相等价的复制因子,在基因指导着生物的进化的同时,模因也在指导文化的进化,人类的基因继承与进化与文化的继承与进化是相互独立的两个过程。

生物基因的选择遵循着完全理性的达尔文法则,基因的选择完全以其发挥的功能和对环境的适应度来决定,环境构成选择压力,最终决定基因选择取向,影响进化结果。比如说在特别寒冷的地方,动物可能进化出很厚的脂肪层,在特别干燥的地带,植物进化出针状的叶子,这都是环境选择的结果。

同样,文化模因选择会受制于文化环境构成的选择压力,知识选择过程更加复杂,因为文化是一个整体的概念,在影响人的行为过程时不是靠单个的模因发挥作用,而是众多模因综合形成选择压力,通过组织惯例、思维习惯等形式深层次上影响人的行为,这种影响如同空气和电磁场,任何人都无法逃避,但又难以察觉。比如说,你的某一位同事结婚,随多少份子钱合适?多送你会感到有经济压力,少送会感到不好意思,那么这时你肯定会随大流,其他同事随多少你就随多少,这就是惯例。

关于文化对组织的影响机制,还有一种"轴心时代"的说法。雅斯贝尔斯[①]依据人类具有唯一的共同起源和目标为前提,在1949年的《历史的起源与目标》中提出了"轴心时代"的学说。

雅斯贝尔斯把公元前800年至公元前200年这一时期称作人类历史的"轴心时代"。在轴心时代里,各个文明都出现了伟大的精神导师——古希腊有苏格拉底、柏拉图、亚里士多德,以色列有犹太教的先知们,古印度有释迦牟尼,中国有孔子、老子……虽然中国、印度、中东和希腊之间有千山万水的阻隔,但它们在轴心时代的文化却有很多相通的地方。这些模具设计大师构建的文化"模具"

---

① 雅斯贝尔斯,德国存在主义哲学家、神学家、精神病学家。雅斯贝尔斯主要在探讨内在自我的现象学描述,及自我分析及自我考察等问题。他强调每个人存在的独特和自由性。

深刻地影响了两千多年人类社会发展。

在那个时代，古希腊、以色列、中国和印度的古代文化都发生了"终极关怀的觉醒"。换句话说，这几个地方的人们开始用理智的方法、道德的方式来面对这个世界，同时产生了宗教。他们是对原始文化的超越和突破。而超越和突破的不同类型决定了今天西方、印度、中国不同的文化形态。

更为有趣的是历史上还存在第二轴心时期，它也被称为人类文化"模具"的更迭时期。自文艺复兴和近代工业革命以来，轴心时代的世界图像不断受到挑战。在20世纪下半叶，尤其最后10年，由于技术文明的飞速发展，人们开始意识到一个新的轴心时代正在来临。美国学者卡曾斯[①]首先将这个时代称为"第二轴心时代"，他在《二十一世纪的基督》中指出我们正在走向第二轴心时代，他把人类历史分为三个阶段，轴心前时代、轴心时代和第二轴心时代。

第二轴心时期呈现出两大特征。第一，个体意识为全球意识所取代。现在需要（事实上常常是被迫）超出单个个体、国家、民族、种族的框架，从全球出发，立足于全人类的利益来考虑问题。在过去的几千年里，人类在考虑问题的时候并没有全球意识。比如，中国过去讲的"天下"其实就是中国内部。而整个人类社会发展到今天，我们的一言一行都要立足于全球化的背景来考虑。第二，生态意识的涌现。在轴心时期，人和自然的关系问题没有提上议程，但是工业文明的进程导致自然资源的匮乏和自然世界的污染，使人和自然的关系张力加剧，超出狭隘的民族主义和人类中心主义，建立人和自然和谐关系需求催生了生态意识的诞生。

如此一来，很多问题就容易理解了：比如说中国以前的模式，已经用了两千多年，到了现在这个模式可能不再适合了，因为经济背景发生深刻变化，模式的匹配性可能出现了问题，所以我们需要更换模式。而欧美国家已经更换了新的模式，用它的新教伦理、市场道德体系、法律制度体系和整个基督教信仰在模式中

---

① 卡曾斯，美国哲学家、天主教思想家。

注入了新的血液。现在将时间追溯到五四运动时期，中国原有的模式被推翻，但是并没有创造出一种新的模式。如今，中国正处在这种"模式"更换过程之中，失去文化"模式"的约束，对人心性和行为的基本约束缺失，这种解放一方面会释放巨大的创新活力，另一方面也会带来诸多社会问题（如三聚氰胺事件）。所以为什么当时《天演论》在中国非常盛行并能产生巨大的影响？因为优胜劣汰、弱肉强食。如果再不革命，再不突破这种文化障碍，就会灭亡。我们急需建立新的文化约束机制，建立起符合我们国家、民族特征的、优秀的文化体系，这样我们在保持活力的同时，又能保持高度的有序。

另外，大家要理解文化的作用到底在哪里？我前面讲了文化会影响到人的思想域。我们可将整个社会视为一个庞大的系统，大家学习热力学的时候，会了解到分子的有序运动和无序运动，分子的活跃性程度会影响它的压力、压强，如果进行类比的话，我们社会中每个人就像一个分子，如果每一个分子都有约束规则，有一定有序度，那么整个系统的有序度就很高。同样的道理，我们仔细研究中国文化时发现，它实际上是设定了一套个体行为规范，比如说修身、齐家、治国、平天下等，通过约束机制约束每个人的思想域，使每个个体的有序度提高，整个社会的有序度也就会大大提高，由此降低了整个社会的管理难度。

曾经有位学者说过，如果把制度比作一张网，那么制度所能覆盖的面积就相当于网占有的面积。无论网做得多么细密，它留下的空隙面积和网占有的面积都是无穷小和无穷大的关系。文化恰恰就是约束，它的功能是无法替代的，因为它是从个体的思想层面来约束人的行为。文化运行到一定阶段会产生很细密的影响，都会有具体的约束规则，大家都会遵守相应的规则。

（三）文化通过价值认同引导行为

接下来，我们看看文化对人行为影响的第三个作用机理：文化通过价值认同影响行为。价值认同是如何影响行为的呢？

前面我已讲过学习人力资源管理要了解人的两大属性：生物属性与社会属性。社会属性是如何体现的呢？人是一种社会性动物，人的本质就是社会关系的总和，人的价值必须在群体中得以实现，必须依赖于社会群体认同。认同是个人对自我的社会角度或身份的理性确认，既是个人社会行为的持久动力，也是人生过程追求的目标所在，任何人都不能孤立于社会群体追求或实现自我价值。群体认同也是一种群体对个体价值的评估过程，评估的标准源于社会共同体成员的共同信仰和共同认可的行为规范，实质上就是社会文化或组织文化的核心价值体系，文化由此通过价值认同引导个体行为，同化个体思维。

由于真实的或臆想的群体压力，个人在认识或行为上会不由自主地趋向于跟大多数人相一致，如果不一致，他会感到孤独无助甚至无所适从，这是群体压力使然，也是人的群体性本质所致。

文化作为一种价值系统，通过潜移默化的心理作用、一定倾向与标准的筛选作用以及凝聚、激励功能，在群体内部形成暗示、感染、模仿等心理氛围和典型示范、舆论导向、制度规范，对群体及其成员的社会、道德、生活等各方面思维和行为取向施以全面整合、教育和引导，通过形成共同的群体价值观对少数与之背离的个体产生心理和群体压力，对与其相符的个体通过包容、认同、褒奖等方式，整合个体之间及个体与群体之间的关系，驱动人的价值认同与从众本能，形成强大的聚合功能，强化群体向心力和凝聚力，实现文化对群体中的个体成员价值引导功能。

人力资源管理根植于文化土壤

大家可以想象，文化通过价值认同引导行为的力量是巨大的。实际上我们也会不断地受到这种影响，可以说随处可见。从管理学角度来看，人力资源管理根植于文化的土壤。管理是一种社会职能，隐藏在价值观、习俗、信仰的传统以及政府的政治制度中，管理是而且应当是受文化制约的。正如德鲁克所说，管理本身就是文化。

日本在引进和学习西方管理理论的过程中,卓有成效地实现了文化的融合和理论的变革,被誉为"日本实业之父"的涩泽荣一[①]提出"论语加算盘"[②]。正是基于文化土壤,借鉴吸收通行性一般管理理论,形成有效适应自身特征的管理应用技术,使日本的工业和经济发展得以后来居上,成为世界工业强国,20世纪70年代后,美国开始反过来研究日本,学习日本的管理。

所以,我们在做人力资源管理工作的时候,并不需要每天去监督每位员工,更重要的是构建一个好的文化体系,约束他们的思想域,这也是中国古代文明如此辉煌的原因。

---

① 涩泽荣一是活跃在日本明治和大正时期的实业家;被誉为"日本企业之父""儒家资本主义的代表"等。同时,他还是日本股份公司制的创始人。
② "论语加算盘"指的是将《论语》奉为"商务圣经",主张既讲精打细算赚钱之术,也讲儒家的忠恕之道的经营管理思想,从而培植了颇具日本特色的资本主义精神。

第六讲

"仁"的现代人力资源管理功能

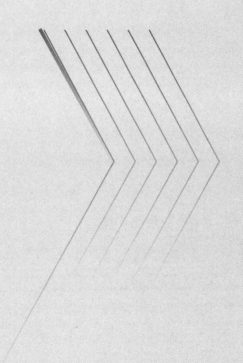

教学目标

- 理解中国"天人合一"的意蕴和现代意义
- 理解儒家"仁"的内涵和它在古代治国理政中的作用
- 掌握"仁"在关系处理人际处理和团队建设中的作用机理

创新性教学提示

- 引导读者运用系统论方法解析"天人合一"的思想
- 引导读者运用严谨的数理逻辑推演和考究古代哲学思想的正误
- 引导读者运用西方学术方法和语言研究中国古代思想解决中国现实问题

本讲纲要

本讲旨在解析儒家"仁"思想对人力资源管理的作用机理,在阐述"仁"渊源、内涵基础上,首先解析了"仁"的文化基因归于"天人合一"的思想,用系统论的方法剖析了"仁"的源头归于自然和谐和秩序。解析了"仁"的基本内涵——"爱人"、外显法则——"忠恕"、践行方法——"克己"、应用维度——"恭、宽、信、敏、惠"等,剖析了中国古代"仁"思想在人力资源管理中的作用机制和使用方法,分析了"仁"的思想在现代人力资源管理上的应用前景。

第五讲我们已经学习了文化对人力资源管理的作用机理，那么从这一讲开始，我们来剖析中国文化的基因。《汉书·艺文志》里面记载儒家叫作"儒家者流""游文于六经之中，留意于仁义之际"，儒家本身就是一部六经①，由此看来，"仁"和"义"是儒家学派非常重要的思想。

"仁"是儒家思想的核心价值标准

"仁"是儒家思想的核心价值标准，因为儒家从汉武大帝罢黜百家、独尊儒术之后，就已变成中国的主流文化，对中国的历史产生了深刻的影响。

孔子认为人性的本质表现是仁，所以"仁者人也"②"爱人能仁"③"民之于仁也，甚于水火"④。"颜渊问仁。子曰：'克己复礼为仁。一日克己复礼，天下归仁焉。为仁由己，而由人乎哉？'"⑤

孟子指出："天子不仁，不保四海；诸侯不仁，不保社稷；卿大夫不仁，不保宗庙；士庶人不仁，不保四体"。⑥

《吕氏春秋》中有一句话："孔子贵仁"。⑦"仁"是孔子及其儒家伦理思想的重要内容和主要标志，是其道德理论体系的基本原则，是人们处理各种道德关系和调整各种利益关系的根本准则，贯穿于儒家伦理思想的全部内容之中，其漫长沉淀使之成为中国文化的重要特质基因，成为深度影响中国人思维和行为的重要因素。

---

① 六经指的是《诗》《书》《礼》《乐》《易》《春秋》。
② 语出自《礼记·中庸》。
③ 语出自《国语》。
④ 语出自《论语·卫灵公》。
⑤ 语出自《论语·颜渊》。
⑥ 语出自《孟子·离娄上》。
⑦ 语出自《吕氏春秋》。

"仁"的渊源、内涵

"仁"的思想在漫长的历史中不断沉淀，使之成为中国文化的重要特质基因。下面我们来剖析"仁"的渊源和内涵。首先，大家看一下"仁"的造字解说，如图6-1所示，经查阅，我把"仁"字的不同变化过程都列在旁边。我们先看，在早期金文中，"仁"字上面是一个人的形状，下面是一个等于号。它代表的是人人相等、君民同视、平等博爱。再看晚期籀（zhòu）文的"仁"，上面一个人，下面一个心，代表心怀众生、宽容博爱。

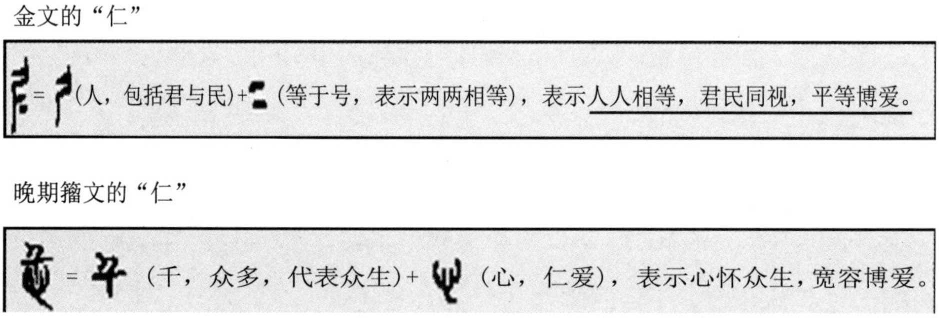

金文的"仁"

= （人，包括君与民）+ （等于号，表示两两相等），表示人人相等，君民同视，平等博爱。

晚期籀文的"仁"

= （千，众多，代表众生）+ （心，仁爱），表示心怀众生，宽容博爱。

图6-1 "仁"的造字解说

通过造字解说，我们理解了"仁"的基本概念，那我们如何把"仁"的意思表达清楚呢？其实"仁"就是大众平等、相亲相爱、互相亲热、互相关爱的意思。我在讲解中国人力资源管理特质的时候提到，传统的写作方式只有结论，而缺乏论证过程。那么现在我们来看《论语》，我们看到的"仁"就只是讲到要仁，不仁不行。再来看《孟子》，它的推论也很简单，"恻隐之心，仁之端也"[1]，它只是说"仁"是源于一种"恻隐之心"。同时，孟子举了个例子：假如一个小孩掉到井里，围观的人都感到十分紧张，都想着去救他，并不是说这个小孩是自己的孩子，或者是亲戚家的小孩才去救，而只是人的一种本能，是恻隐之心。

---

[1] 语出自《孟子·公孙丑上》。

"仁"的文化基因分析

如何分析"仁"的文化基因？可以从"天人合一"的思想来推导，因为中国文化、儒家思想的基本哲学观点就是"天人合一"的思想。在这里我简单罗列一下几位学者的观点。

季羡林先生[①]主张"天人合一"，强调天与人的和谐一致是中国古代哲学的主要基调。他认为这是一个非常伟大的、含义非常深远的思想。"夫'大人'者与天地合其德，与日月合其明，与四时合其序，与鬼神合其吉凶，先天而天弗违，后天而奉天时"[②]。他认为这里讲的就是"天人合一"的思想，这是人生的最高理想境界。

钱穆先生[③]说道："'天人合一'观，虽是我早年已屡次讲到，唯到最近始澈悟此一观念实是整个中国传统文化思想之归宿处……我深信中国文化对世界人类未来求生存之贡献，主要亦即在此……因于中国传统文化精神，自古以来即能注意到不违背天，不违背自然，且又能与天命自然融合一体。我以为此下世界文化之归结，恐必将以中国传统文化为宗主。"[④]

接下来，我们来解析一下"天人合一"的思想。按照中国万物同元、天人合一的哲学思想，人是一个小宇宙，天地是大宇宙，人与天地、宇宙同源同构，从系统论的角度来看，人作为子系统应该从属于宇宙母系统的运行规则，"人道"必须遵循"天道"。因为子系统蕴含着母系统的全部信息密码，所以，子系统必须遵循母系统的基本规则。"仁"的思想就源于"天道"的思想。大家如果有兴趣可以去翻阅《易经》的乾卦、坤卦，它讲的就是"天道"和"地道"。不过它

---

① 季羡林，中国山东省聊城市临清人，字希逋，又字齐奘。国际著名东方学大师、语言学家、文学家、国学家、佛学家、史学家、教育家和社会活动家。
② 语出自《周易·乾卦·文言》。
③ 钱穆，中国现代历史学家，国学大师。
④ 钱穆：《中国文化对人类未来可有的贡献》，《中国文化》1991年第1期。

所讲述的"天道"是赞美天的伟大，天有合适的空间，四时有序，有春夏秋冬时令，有合适的温度，有充足的空气、水分等。所以"天道"的首要特征就是"仁"，众生都在这里得到化育成长。

董仲舒认为："仁之美者在于天，天仁也，天覆育万物，既化而生之，有养而成之，事功无已，终而复始，凡举归之以奉人，察于天之意，无穷极之仁也。人之受命于天也，取仁于天而仁也。"①

既然是"天人合一"的思想，那么人与自然之间应该兼容，而天地本身就是"仁"性的，所以人也必须要"仁"。我们看宫廷剧的时候，经常看到太监拿着诏书读到"奉天承运，皇帝诏曰"，其实就是说遵从的是上天的旨意。

古人的思想是谈天、说地，再说人，这是他们的思维逻辑，实际上这是在用系统论的方法来思考人与自然的关系。而这种思想方法，正如钱穆先生和季羡林先生所说，它们对人类的发展起了非常重要的作用。现在，我们也越来越认同人和自然息息相关，是一个共生的、一体的系统的观点。所以这里面，我建议大家学会用系统论的方法来思考人和自然的关系问题，通过课外阅读评述现代工业文明对人类发展可能产生的危害。

我们在此基础上可以得出"天人合一"的思想推论：人道要循天道，仁源于天。既然"仁"是大自然的基本法则，而且又是我们人类需要遵循的法则，那么，如果大家都遵循这套法则的话，就会带来很多益处。

第一，既然大家都要遵循"仁"的法则，那人和自然之间必须要"仁"。人和自然和谐相处，需用"仁"来调控，我们不能"虐待"自然。同时，人和其他的物种之间也应该和谐相处，也要"仁"。

第二，人与人之间呢？我们从两个维度来讨论这个问题。一方面，从"天人合一"的思想来看，我们应该遵循这个规则——要"仁"。另一方面，人是群体

---

① 语出自《春秋繁露·王道通三》。

性动物,具有社会属性,人的很大部分价值都体现在社会属性里,如果人和人之间能够以"仁"来协调,大家都会有益处,这也是唯一的最优的调控机制。所以人和人之间需要"仁"来调控,这是人类发展的必由之路。

> **引申出的学习方法或问题讨论(6-1)**
>
> 用系统论的方法来思考人和自然的关系问题,通过课外阅读评述现代工业文明对人类发展可能产生的危害。

"仁"在人力资源管理中的作用机理

分析了"仁"的文化基因之后,我们再来看"仁"在人力资源管理中的作用机理。

第一个是"爱人",这是"仁"的基本内涵。《论语·学而》中说道:

其为人也孝弟,而好犯上者,鲜矣;不好犯上,而好作乱者,未之有也。君子务本,本立而道生,孝弟也者,其为仁之本与?[①]

儒家思想非常高明,因为它的"仁"不会对人提出很高的要求。对父母孝顺、对兄弟友爱并不过分,这些都是日常生活,如果遵守了家庭行为规则,那么就能够养成基本的"仁"的思维和行为,这也就是历史上的很多王朝以"孝道"治天下的缘由。

第二个是"忠恕",这是"仁"的外显法则。

---

① 语出自《论语·学而》。

"夫仁者，己欲立而立人，己欲达而达人"。①

"己所不欲，勿施于人"。②

我们在处理人际关系的时候，尤其是在当今的社会，人际关系交往比古代频繁得多、复杂得多。如果大家都是互相伤害，那么最后整个系统就可能会更加复杂、失控。这种秩序就像交通规则一样，大家都不按规则办事，最后谁都走不了。反之如果我们都遵循一种规则，"我己欲立"，我想得到的，也希望你得到；我想达到的，希望你达到；我想要实现的，也希望你能实现；而我不想的，"己所不欲，勿施于人"，事情就会变得简便很多，并且具有微观上的易操作性。

第三个是"克己"，这是"仁"的践行方法。

颜渊问仁。子曰："克己复礼为仁。一日克己复礼，天下归仁焉。为仁由己，而由人乎哉？"，颜渊曰："请问其目。"子曰："非礼勿视，非礼勿听，非礼勿言，非礼勿动"。③

每个人除了社会属性，还有生物属性。关于生物属性的价值指向，其行为指向的是自我。如果每个人都强调自我利益最大化，整个系统反而会产生负面的效能。所以如果每个人都克制自己，约束自己的行为，都不去损人利己，那么整个社会就会和谐有序。

最后是"恭、宽、信、敏、惠"，它体现了"仁"的五德。

---

① 语出自《论语·雍也》。
② 语出自《论语·卫灵公》。
③ 语出自《论语·颜渊》。

子张问仁于孔子，孔子曰："能行五者于天下，为仁矣。"请问之。曰："恭、宽、信、敏、惠。恭则不侮，宽则得众，信则人任焉，敏则有功，惠则足以使人。"①

前面我讲过文化对人的作用机理，是通过影响人的思想域从而影响行为域。也就是说，首先要爱人，"人人相爱"是处理人际关系的基点；其次要忠恕，"推己及人"是个体行事的逻辑规则；再次要克己，它是个体修"仁"之道；最后是五德，它构成行"仁"的行为规则。这就是儒家的"仁"，这便是它在人力资源管理中的作用机理。

儒家以"仁"的内涵为原点，构建了从微观个体修养到人际关系协调再到社会运行逻辑的一整套规则，它曾经在漫长的历史中作为中国人思维和行为的基本法则，至今仍发挥着重要影响力。

那么它真正的作用点在哪里？《大学》里面有一段话：

古之欲明明德于天下者，先治其国。欲治其国者，先齐其家，欲齐其家者，先修其身。欲修其身者，先正其心。欲正其心者，则先诚其意。欲诚其意者，先致其知。致知在于格物。物格而后知至，知至而后意诚，意诚而后心正，心正而后身修，身修而后家齐，家齐而后国治，国治而后天下平。

大家从这段话中要明白一个道理：从社会层面来看，社会是国家，是天下，落脚点是微观主体，如果每个人修身成功了，微观上就有序了；而从更大的层面来看，社会的基本组织单元是家，家齐之后，就可以治理好国家。这也就是修身、治国、平天下的逻辑关系，大家想一想，整个社会的有序程度本就很高，如果在文化约束的基础上加以制度的约束，那么该制度的管理会十分有效。这也体现了文化与制度管理之间的互相支撑和不可替代的关系。

---

① 语出自《论语·阳货》。

接下来的问题是如何做到修身，如何将其具体操作。儒家的办法是，修身首先要心正，心正要做到意诚。举个例子，假如我想做到意诚，生活中我讲诚信，但我每天都想着害人，这当然是不可行的。那么如何才能心正呢？举例来说，我与人从来都是以"仁"来相处，始终持有"己所不欲，勿施于人"的处世之道，所以只有心正的人才能意诚，心正意诚之后，才能够继续交往下去。同时要"致知"，致知就是要明白自然和人生的道理，利人终利己。人生最大的快乐在利人之中，通过利人使自我快乐。中西方思想逻辑存在很大差异：西方的思想逻辑是主观上利己，客观上利他；而中国的思想逻辑恰恰相反，主观上利他，客观上利己。

还有一个问题，为什么会出现"假仁"？由此可证明"仁"的无效吗？如果"仁"变成一种主流的价值认同，为群体所接受了，并且变成群体的价值标准与规范，那么"不仁"的人便会有压力，此时他便会做到"假仁"。"假仁"的现象恰恰说明了"仁"的强大约束力。所以说"假仁"并不是"仁"的无效性，而正是"仁"有效性的体现。

此外，我们还要学会"情境切换"的思维方法，据此更好地理解古典人力资源管理的特殊性，关注管理的情境差异性。所以在讲"仁"的时候，大家一定要"穿越"到当时的情景中进行理解。大家想一想，为什么像"孔子思想"等许多伟大的思想诞生于春秋战国时期？按照孔子的说法，当时处于礼崩乐坏的时代，人心纷乱，思想家们不得不去关注人心。道家有这样一句话，"失仁而后义，失义而后礼，夫礼者：忠信之薄，而乱之首"[①]。因为缺失，所以造成了对"仁"的极度需求。如今我们面临的是一个全新的时代，人和人之间的关系变得更加紧密与复杂，所以，我们需要借鉴古代人的思想，更为重要的是要借鉴其思维方法和原理，以此来解决当今的社会问题。

---

① 语出自《老子》。

> **引申出的学习方法或问题讨论（6-2）**
>
> 为什么会出现"假仁"？"假仁"的存在可证明"仁"的无效吗？

> **引申出的学习方法或问题讨论（6-3）**
>
> 学会"情境切换"的思维方法，据此更好地理解中国古典人力资源管理特殊性，关注管理的情境差异性。

■ "仁"在企业人力资源管理中的实际应用

最后，我们来了解"仁"在人力资源管理中的实际应用，在此以同仁堂和丰田两家企业为例。

同仁堂的企业精神是同修仁德，济世养生。作为一家卖药的企业，它并不希望只通过卖药来获取利润。在制作上坚持"炮制虽繁必不敢省人工，品位虽贵必不敢减物力"，确保同仁堂精神的落实。正是因为同仁堂有一种仁德济世的精神，它才能获得广大消费者的高度认可。同仁堂正是遵循了"仁"的思想，才成就了它的百年经营，并一直永葆活力。同样，丰田是一家很著名的企业，丰田的文化讲究友爱精神，以公司为家，相亲相爱，这实际上这都是"仁"的思想在企业中的实际运作。

第七讲

"义""利"平衡的人力资源管理应用

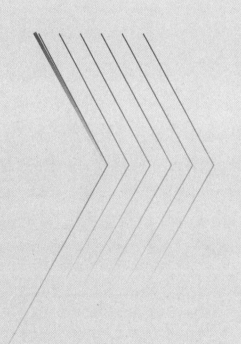

教学目标

- 正确理解"义""利"的内涵和管理学意义
- 理解"利"的基础激励功能和"义"的群体利益协调功能
- 掌握"义""利"在人力资源管理实际应用中的基本规则和群体操作技巧

创新性教学提示

- 引导读者从人性的根本点上思考和分析"义""利"规则
- 帮助读者树立正确的"义""利"观
- 引导读者将深刻的理论变成现实的操作技术

本讲纲要

本讲旨在解决儒家"义""利"观在现代人力资源管理中的应用问题。在分析"义""利"内涵和儒家基本"义""利"思想的基础上,从经济学和管理学视角赋予"义""利"思想的现代解析,通过实例解析了"义""利"思想在现代人力资源管理中的应用要点。

第六讲我们讲解了"仁"的现代人力资源管理功能，主要是对儒家文化中的一个重要思想进行了一次解析。本讲基于上一讲的内容探讨"义""利"平衡的人力资源管理应用。

"义"为"仁"的具体操作规则

在这一讲里面我们可以看到有一个"义"字，在《孟子·尽心上》有一段话：

居恶在？仁是也；路恶在？义是也。居仁由义，大人之事备矣。①

在这句话里，"仁"为居所，是源头，"义"则是行"仁"之道路，是"仁"的具体操作规则。由"仁"而"义"，构成了中国古代人力资源管理从思想到规则的路径，从"义"的层面研究管理问题，更契合我们的操作实践，从这个角度看，本讲的内容也可以理解为"仁"的人力资源管理应用部分。

"义""利"的内涵

我们先看"义""利"的内涵。一提到"义"大家就会想到"利"，最早关于"义"的概念里面有这么一句话："义，宜也，裁制事物使合宜也"②。"义，宜也"的意思就是合适的做法叫作"义"。在古代，人们祭祀时，用动物的脑袋去祭祀，这是一种很庄重、很肃穆的仪式，所以古代的"义"和后面讲的"仪"是相通的，这就是"义"的本意，发展到后来的含义就是"合适的事"，再衍生到后来就是合乎道德，合乎人伦规则的行为和思维。

---

① 语出自《孟子·尽心上》。
② 语出自东汉刘熙《释名》。

了解了"义"的内涵之后,我们再看一下"利"的内涵,这两者是一体两面的,所以我们一定要将这两者放到一起来讲,这也是我们在操作面上经常要面对的问题。"利"是什么呢?我们先看看"利"字的写法,把这个字拆开来看,"利"是什么?是用刀去割禾,那要是"禾"不够的话,会怎么样?就会互相割,这就是有"利"的地方总是有纷争的原因。儒家将"义"和"仁"并用,构建其仁义道德体系,《论语》里面有这样一句关于"义"和"利"的话:"君子喻于义,小人喻于利"[1],《孟子》里也有:"生,亦我所欲也;义,亦我所欲也,二者不可得兼,舍生而取义者也"[2]。这个在中国文化里面就是舍生取义,就是把"义"看得比"生"还重要。图7-1所示为"义"和"利"的书写形式。

图 7-1 "义"和"利"

儒家"义""利"观要点

第一,承认追求私利是人的本能欲望。在《论语》里面有这么一段话,"富与贵,是人之所欲也……贫与贱,是人之所恶也"[3],这段话就是说富贵是人们都想追求的,贫贱是人们都想回避的。这也就是说,追求富贵、追求私利是人的本能欲望。

---

[1] 语出自《论语·里仁》。
[2] 语出自《孟子·告子上》。
[3] 语出自《论语·里仁》。

第二，合乎"义"的私利是可以去追求的。私利是可以追求的，因为这一方面是人的本能，另一方面是可以追求的东西。在《论语》里，孔子说："富而可求也，虽执鞭之士，吾亦为之"①，这是说：如果能够得到富贵，追求到富贵，自己宁愿去做低贱的"执鞭之士"，而不以为耻，因为当"执鞭之士"没有什么"不义"之处。从这里我们可以看出在儒家思想中，孔子并不把追求"利"视为小人的专利，因为追求"利"是人之所欲，此处的"人"显然包括君子和小人，孔子认为在追求私利方面，君子和小人是没有差别的。

第三，真正甄别君子与小人的标准是追求私利是否合乎"义"。这个观点是要说明君子和小人追求利的差别。在中国的文化里面，君子、小人是很重要的两个概念，它们是两个对立的词组，虽然人人都有追求富贵的欲望，但孔子强调"不以其道得之，不处也"②，也就是说如果一个人得到的利不合乎道，那就不能要。"不义而富且贵，于我如浮云"③，这句话的意思是：不义却要得到富贵，对我来说就像浮云一样，与我没关系。这是孔子的思想，正是因为这样，他要求君子要用"义"来约束自己的取利行为，那怎么来约束呢？"君子义以为质"④，要"见利思义"⑤，看到"利"就要想到合不合乎"义"，实际上就是允许每一个人，包括君子去追求私利，但是要掂量一下，你得到的私利合不合乎"义"，如果不合乎"义"，你得到的私利就违背了你的规则，那便不是君子之道了。

■"义""利"的现代解析

我们如何理解上面提到的观点呢？接下来，我们以此为基础，从现代的角度进行剖析。在表7-1中列出了"义""利"特征的不同之处。那么"义"和"利"

---

① 语出自《论语·述而》。
② 语出自《论语·里仁》。
③ 语出自《论语·述而》。
④ 语出自《论语·卫灵公》。
⑤ 语出自《论语·宪问》。

到底是什么关系呢？它们其实是一体两面、不可分割、不可偏颇、唯求平衡的关系。而我们真正要考虑的是两者的平衡，如果利是利，义也是利，那么它们两者的差别在哪里呢？它们的差别在于看待它们的角度不同、标准不同，"利"的目标指向是个体，那它的出发点是什么？它之所以叫"利"，是因为它的出发点是站在个体层面上。那么大家想一想，对于个体层面的"利"，一百个人就有一百个目标指向，这是无可厚非的。《论语》上写道，"富与贵是人之所欲也""贫与贱是人之所恶也"①，"利"是人内在的、基本的需求。之前我也讲过人有社会属性、生物属性，那么我们可以认为"利"是人的生物属性，这是它的源头。我们也可以用生态学的方法来研究人力资源管理，这方面的研究我做得比较早，我在用生态学的方法来研究人力资源管理的过程中发现，每一个生物作为一个生命体，它最大的本能就是求得生存和生命的延续。那么生物体要求得生存，它就要追逐食物，追求"利"是生物体的本能，所以"利"是人的一种本能，它是源于人的生物属性，指向的是个体。

表 7-1 "义""利"特征比较

	属性归宿	表征方式	目标指向	利益特征	需求特性	可塑空间	外力作用下的表现
义	社会性	文明	群体	容他性	弹性	大	脆弱/多变
利	生物性	本能	个体	排他性	刚性	小	强大/反弹

那么"义"呢？"义"在某种程度上也可以理解为"利"，它实际上是什么？它是参照"利"得出来的，是另外一种形式的"利"。两者之间的差别在哪里？"义"是一种群体的利益，它的目标指向不是单一的个体，而是某一个群体，所以我们把它列入人的社会属性，它的表征方式是人类文明。

实际上在研究、操作中，我们一直强调"义"，而抑制"利"，这是中国几千

---

① 语出自《论语·里仁》。

年来在社会教化、社会价值体系的构建上采取的方法。为什么呢？因为"利"是一种本能，而本能的刚性很强，所以"利"就很强大，不需要很多培育，它就会形成。我们要知道"利"的这种特质，是源于它的生物属性，而对于社会属性的东西，它很脆弱，需要不断地培育、不断地呵护，才能够维持好，这种平衡才能保持在一种合理的状态，所以我一直有一个观点，也就是要抑制"利"，张扬"义"。在现代管理中，我们必须要用到"利"，不能否定它。我前面举过例子，改革开放前否定个人利益，吃大锅饭，干多干少一个样，谁愿意多干？但改革开放之后，大家能够多劳多得，按劳分配，效果立竿见影。

但是过分地张扬"利"就会带来很大的负面影响。在一个群体中，每个个体的驱动力是"利"，这个驱动力要是不存在了，就会像搞大锅饭一样，整个组织的运行动力不足，问题便会随之而来。但是驱动力本身也存在问题，每个个体利益最大化驱动起来之后，将会增大群体之间的协调难度和内耗，管理协调成本也会随之增加，最终将导致组织效能的下降。因为组织效能和单纯的利益驱动是互相矛盾的，也正因为这样，我们既要运行利益驱动机制，又要用"义"来制约它的负面的影响，从而使整个群体的效能能够在最优的状态下运转。打个比方，大家都知道原子弹、原子能，原子弹爆炸会带来很大的破坏，但是如果我们能够有效地控制原子能，将它变成核电站，这个时候它释放的能量就可以转换成电能为我们所用。

理解上面的道理之后，我们再来看："义"是人性的灵光。"义"的源头是"仁"，在于人性的本源，在于"天道"，是人类有别于其他物种的伟大之所在。前面我已讲过，人与他人相处的时候会受利益驱动。但是在这里我要强调"义"，"义"就是不能伤害他人利益，这也成为了一种行为规范。从"仁"到"义"，"义"变成一种具体的调控机制，人的利益是不能够被否定的，但是需要让"义"来对"利"进行有效的制约，须在一个合理的范围中得到利益。

"利"是生存的本能。面对稀缺的生存资源，人类种群之间和个体之间的竞争同样不可避免，生存竞争是人类行为的主要内驱力，在文明社会中这种竞争主要体现为"追逐名利"，名利可以追求，但要合乎"义"。当然"义"的内涵在不同社会背景下是不同的，这个内涵是人赋予它的，不管在哪种社会背景下倡导"以义制利"都是一种理性的选择，倡导"以义制利"的君子行为规则在确认个体生存本能和人的社会性需求特质之间，求得了科学平衡，实现了理性选择，承认并有效运用利益驱动的同时"以义制利"。所以，我们要强调"以义制利"。

▎"义""利"在人力资源管理中的应用

"驱利"以构建激励体系。在人力资源管理中，激励体系的源头还是要考虑到人的利益需求，所以我们在企业构建人力资源管理机制以及设计一些体系、机制的时候，一定要设计好利益机制。在很多企业，员工的积极性不足，仔细研究后发现往往是利益机制出了问题。企业人力资源管理一定要基于个人利益驱动才能获得持久的工作动力，这是市场化企业高效率的根源所在，也是我国众多国有企业和事业组织人力资源管理需要解决的关键问题。

"尚义"以构建群体的协调机制。由于个体的利益之间总是存在矛盾和冲突，只有循"义"才能使群体利益最大，群体效能才能最高，"义"是保证组织（包括企业、国家等不同层级的组织）利益的根本规则，所以在发挥利益的驱动机制、放开利益的驱动作用的同时，必须要"尚义"来化解个体利益冲突、协调群体关系、实现群体目标，这就是我们整个的操作方式。

"义""利"平衡互动推动企业持续发展。用"利"的同时，必须抑制"利"的负面影响，"义""利"并举，"义"以制"利"，在"驱利"的同时构建好"义"的围栏，才能实现企业的持续发展。

在这里，我引用体现道家思想的一段话："义"属"阳"，需要张扬，"利"属"阴"，需要"隐"；高举"义"的旗帜，将"利"做到位。也就是说"利"的东西你可以去做,"利"不需要不断培育,但是要注意"利"是有负面影响的,要抑制;而"义"是要不断地进行培育的,它是属于人类社会属性的东西,要彰显,这是我们作为管理者在进行人力资源管理的时候经常要注意的一个问题,这也是"义""利"在人力资源管理应用中的一个很重要的艺术。

第八讲

从"无为而治"到"无不治"

教学目标

- 正确理解"无为而治"的内涵及其管理学意蕴
- 掌握"无为而治"管理思想的实际应用方法
- 建立在管理过程中不"胡为"、遵循规律管理的思维习惯

创新性教学提示

- 引导读者以科学的态度对待古代经典,吸收和运用其精粹,防止误读误解或其他偏颇
- 引导读者透过现象抓住事物的本质,用系统的思维来处理管理问题,真正理解和运用"无为而治"的思想
- 引导读者遵循规律,"循道而为"

本讲纲要

本讲旨在解决道家"无为而治"思想在现代人力资源管理中的应用问题。在分析"无为而治"内涵的基础上,剖析了"无为而治"的人力资源管理意蕴,通过实例解析了"无为而治"思想在人力资源管理实务操作中的应用问题,帮助读者学会如何通过"无为而治"达到"无不治"之效。

第七讲中，我们讲解了"义""利"的内涵以及"义""利"最核心的内容，关键就是要注意它们特质的差异，所以我们整个社会要倡导"义"和"利"的行为，但又在抑制中尊重它的特质，无论是在宏观层面，还是企业组织的管理层面，都必须尊重其特质，每位管理者都要如此，要较好地实现两者之间的平衡，既要用好"利"，又要防止它的负面影响，这也是中国几千年来在该方面沉淀的、积累的丰富经验。接下来，我们这一讲讲解道家的"无为而治"，从"无为而治"到"无不治"。

"无为而治"的内涵

道家在中国文化里影响深远，在管理中，"无为而治"的管理影响也备受推崇，那么我们应该学习、借鉴道家的哪些思想呢？首先，我们看"无为而治"的内涵。什么是"道"？"道"是古代重要的哲学范畴，《道德经》上第一句话就是：道可道，非常道。可道之道本来是什么呢？是经术政教之"道"，而"道"出来的"道"就不是自然生长之"道"了，因为语言和文字已曲解或局限了"道"，这已经不是"常道"了，"常道当以无为养神，无事安民，含光藏晖，灭迹匿端，不可称道[①]"。

河上公对老子《道德经》的注解是一个非常有权威的、影响很大的注解。在这个注解里，"常道"是无为的，是无事的，是含光韬晦的。这里的含光韬晦，也就是我们讲的韬光养晦，道出来的道，因为它已经违背了道的本来面目，彰显了就不再是"常道"了，这里的第一句就蕴含了无为的思想。那么什么是"无为"？什么是"道"？《道德经·二十五章》上有一句：

有物混成，先天地生。寂兮寥兮，独立而不改，周行而不殆，可以为天下母。吾不知其名，字之曰道，强为之，名曰大。

---

① 语出自《河上公老子道德经章句》。

这句话的意思是说:"道"就是这么一个客观存在的东西,是先天地生,是独立的,形成于天地生成之前,独立地发挥着生生不息的作用,我不知道它叫什么名字,把它叫作"道"。

"人法地,地法天,天法道,道法自然"。

这是我们对"道"的基本定义。而且我们也可以看到,从"道"这个概念中衍生了很多其他的概念,如"道理""道路"。我们知道"无为而治"是道家的重要思想,也是中国历代管理者所推崇和践行的重要治理之道,在中国管理思想史上具有重要地位。《道德经》有十一章都出现了"无为"一词,其内涵基本一致,但在每处的用意却各有差别。下面是摘取自《道德经》中几个章节里关于"无为"的描写:

是以圣人处无为之事,行不言之教。

这句话的意思是:圣人是无为的,做的事是无为的事,他教化人家的方式是不言之教,并不是靠嘴巴去教的。

是以圣人之治,虚其心,实其腹,弱其志,强其骨。常使民无知无欲。使夫智者不敢为也。为无为,则无不治。

这句话的意思是指人达到一种心"虚"的状态,"虚"是指一种很静、很纯的状态,在这种状态中,人无知无欲,没有复杂的思想,没有很多的欲望,那么,有知识、有智慧、有能力的人也不敢胡乱行为,这时候,人便会处于一种无为的状态。

道常无为而无不为。侯王若能守之，万物将自化。

这句话的意思是人遵循无为而无不为的道理，守着无为而无不为的规则，万物便会在最好的状态下自动运转。

为学日益，为道日损。损之又损，以至于无为。无为而无不为。

这句话的意思是追求政教礼乐这类学问，（知识）一天比一天增加，追求对"道"的体悟，（欲望）一天比一天减少，一直到返璞归真、"无为"的境地。

上面几句话是有关"无为"代表性的说法。但是我们要理解"无为而治"，必须首先理解古代"无"和"有"的内涵。

在古代，"无"的概念和我们现在理解的"无"的概念不同。运用情境切换的方法来设想，假设我们回到两千多年前，我们来想象一下当时的情境：一瓶水放在这里，没了，哪去了？从有变成无了。一粒种子种下去，长成一棵参天大树，等这棵树砍掉，烧掉，又从有变成无。当时的人们并不知道什么是光合作用，所以，在古代，"无"和"有"是对立的一对范畴，表示两种状态。"无"中生"有"，"有"反归于"无"，是古人对自然的朴素认知，"无"近于"道"。如何理解呢？可借太极图来理解，太极图按照《道德经》说：

道生一，一生二，二生三，三生万物。

我将太极图变成了如图 8-1 所示的循环太极图，"道生一"就是说"道"是根本规律，"道"是独立于天地之外、生生不息的。它是"一"，"一"就是"无极"。什么叫"极"？"极"就是端点的意思，就是我们所讲的极端。"无极"是什么？是"无"和"有"。我们可将太极图的外圈视为广阔的"无"，而将内圈视为"有","无极"是"有"和"无"转换的边界。"一生二",那就是太极,"二生三",然后"三生万物",周而复始,生生不息。

根据太极图和"无"的本意,"无为而治"的"无为"可理解为"循道","无为而治"即为"循道而治"。在"道常无为而无不为"中,"道"是天地万物和人类运行的根本规律,那么"无为"是什么呢?它是遵循"道"的规律,从根本上、长远上、整体的角度把握事物运行规律,遵循规律来办事自然能成事。

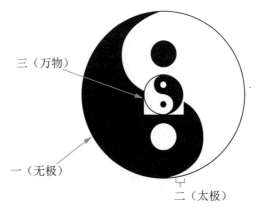

图 8-1　循环太极图

"无为而治"的人力资源管理意蕴

历史中,我们可以找到很多无为而治的例子,最典型的例子就是庖丁解牛。

庖丁释刀对曰:"臣之所好者道也,进乎技矣。始臣之解牛之时,所见无非全牛者。三年之后,未尝见全牛也。方今之时,臣以神遇而不以目视,官知止而神欲行……以无厚入有间,恢恢乎其于游刃必有余地矣,是以十九年而刀刃若新发于硎。"①

---

① 语出自《庄子·养生主》。

这个故事讲的是梁惠王看到庖丁正在分割一头牛，见他手起刀落，既快又好，连声夸赞他的技术好。庖丁解释道：我之所以能干成这样，主要是因为我已经熟悉了牛的全部生理结构。开始，我眼中看到的，都是一头全牛，现在，我看到的不是一头全牛了。哪里是关节？哪里有经络？从哪里下刀？需要用多大的力气？全都心中有数。虽然这把刀已经用了十九年，但还同新刀一样锋利。庖丁解牛时，就是遵循了规律，循道解牛，这就是典型的"无为而治"。

历史上还有很多"无为而治"的理论、道理，还有个著名的说法叫"萧规曹随"：

西汉初，刘邦、萧何根据当时的情况，制定了一系列规章制度。后来，萧何去世，在临终前，他向汉惠帝刘盈推荐曹参为汉相。曹参是萧何的好友，也是追随刘邦的老将。但在汉惠帝任命他为宰相后，他整日招朋聚友痛饮，根本不理政事，汉惠帝很忧虑，认为他是欺负自己年轻，不愿尽心尽力辅佐。于是，他让曹参的儿子，也是中大夫的曹窋，回去问问父亲为何如此。孰知，曹参不但没有解释，反而把儿子狠狠地打了一顿。

曹窋回到朝中，向汉惠帝诉说了事情的原委，汉惠帝甚为惊异。第二天，大臣上朝议事后，汉惠帝留下了曹参，亲自问他为何如此。曹参反问道："依您看来，皇上与先帝谁比较圣明呢？"汉惠帝答道："先帝比较圣明。"曹参又问道："那依您看来，臣与萧丞相谁更有贤能呢？"汉惠帝笑笑，回答道："似乎您赶不上萧丞相。"曹参点点头，才说："皇上说得非常正确。当初高祖帝与萧丞相平定天下，制定的法令严明、公正，如今百姓才能安居乐业，臣服于陛下。既然您的贤能不如先帝，我的德才又比不上萧相国，难道我们还能制定出超过他们的法令规章来吗？况且现在陛下是继承守业，而不是在创业，因此，我们这些做大臣的，就更应该遵照先帝遗愿，谨慎从事，恪守职责。对已经制定并执行过的法令规章，就更不应该乱加改动，而只能遵照执行，我现在这样照章办事不是很好吗？"到后来无为而治就变成了汉初的一个基本国策。这个国策为文景之治奠定了基础，也为后面汉武帝的盛世奠定了基础，是非常典型的"无为而治"。

美国总统里根在1987年的国情咨文中曾经大力推崇老子的"治大国，若烹小鲜"①思想。"小鲜"像是小鱼，或是一小块肉之类的。意为治理大国要像煮小鱼一样。煮小鱼，不能多加搅动，多搅则易烂，要尽量地保持它原来的状态。唐太宗也曾说：

夫治国犹如栽树，本根不摇，则枝叶茂荣。君能清净，百姓何得不安乐乎？②

唐太宗认为国家就像一棵大树，而百姓就是树根，如果根基稳固，大树就能枝繁叶茂。假若根基晃动，树就没办法生长，这就是无为而治的思想。治理国家也是这样，百姓富足安乐，国家也就强盛了。

"无为而治"的现代人力资源管理应用

如何从操作面上来理解"无为而治"在管理上面的应用呢？德鲁克指出"管理的目的就是使管理成为不必要"，这是西方版本"无为而治"思想。那么，从人力资源管理角度来看，人力资源管理的对象是"人"，"循道"首先必须把握"人"的本质属性，遵循人性特点，才能对"人"实施有效的管理。正如前面所讲"把人当人看"才能管好"人"，理解"人"的"生物性""社会性"特征，并有效运用，就能达到"无不治"的境界。改革开放之前，天天抓生产、每天奋战，然而人们的工作效率并不高，为什么？没找到规律。改革开放之后，机制到位了，人们的工作效率也提高了，大家干得很来劲。所以"无为而治"中的"无

---

① 语出自《道德经·六十章》。
② 语出自《贞观政要·论政体第二》。

为"实际上是说，如果你找到了道，循了道，它可以释放很大的能量，所以每一位管理者必须要遵循自然规律去做事。管理人，就是要遵循人的规律、人性的特征。所以我一开始就讲，要遵循人性，这就是"无为而治"。

一般来讲，不同层级的员工，他的需求状况不同、特征不同，运用的方法就有所不同。通常而言操作层员工应多用利益机制，高层管理者则多关注心理和社会层面的需求。大家来看一个案例：

一位高科技企业的经理一直采取非常精细的管理模式，事必躬亲。当企业发展到一定阶段后，他遇到一个很大的难题：他给员工支付很高的工资，却留不住优秀人才，他感到很郁闷、很困惑。在别人看来，他确实舍得为员工花钱，但是为什么不能留住优秀人才呢？后来我们比较深入地介入这个企业调查时发现，优秀人才在他这里没办法待下去。为什么？因为他做事有个特点，事必躬亲。他只相信事情只有自己才能做好，不会真正地授权给副总经理。再优秀的人才到了他这里都没有施展才能的空间。员工拿了经理付的工资，但他们觉得自己没有做出该有的贡献，拿着都觉得不好意思，在这样的情况下，员工没法留下来。所以我这里建议，高层管理人员、高层员工有时候不完全是单纯用金钱、靠利益就能达到激励作用。他们需要的往往是平台、事业，他们需要展示自己的才能。但与此同时，就在同一座城市的另外一家企业中，当它发展到这个阶段后，企业管理者对员工进行股权激励，拿出了20%的公司股权给公司的核心团队。该企业和上面提及的企业一开始的成长水平差不多，而当这家公司将股权分开之后，董事会的主要精力就集中于发展方面，寻找新的公司合作发展战略性投资和一些开拓的事情，公司用股权将大家激励起来，聚到一起，让大家去努力工作，这个企业后来发展迅速。而到了今天，原来两个实力相当的企业，它们的销售额相差10倍以上，所以对于激励，不能单纯用钱解决。

其实，对于不同的组织应选用不同的激励方法。比如说，对于高校老师的管理，更多的是侧重于事业留人。在中国很多著名高校中，教师的工资待遇并不比其他高校老师的工资待遇高很多，但是很多优秀的老师愿意到著名高校去任职，为什么，因为在著名高校，他们可能会得到更好的事业发展研究条件。所以对不同层面的人应使用不同的管理方法和激励方法。高校和科研院所知识型员工的管理和制造企业的管理不同，而且就算是同样的制造企业，其管理也不同。高校要侧重于事业留人、成就激励，忽略过程管控；而制造企业则往往选择使用严密精细的过程管理体系，即便同样是制造企业，海尔和华为的成功管理模式差异也甚大。华为强调文化管理，追求技术创新，创新是它的核心竞争力。而海尔，在早期很长时间的管理上，靠的是非常严格的制度，因为它是流水生产作业系统。所以不同的组织要选用不同的管理方法，组织发展的不同阶段要使用不同的激励方法。因此我们把"无为而治"思想用到人力资源管理上就是要研究人，管理者在管理员工时对不同组织中的员工、同一组织不同层次的员工，都要遵循人性的特征。大家来看下面这则案例：

浙江某企业在20世纪80年代创业之初，员工节假日加班，"一锅蹄花面"的激励就非常有效，而到了90年代末，高管每人年薪达20多万元，却缺乏工作激情，根源何在？

当时我去该企业处理管理项目，该公司的董事长就跟我说了他的困惑。我跟他说，在20世纪80年代初期，一碗面的相对价值是很高的，那时候人们还在为生存问题而忙碌，员工能在你这里吃一碗面，就可以在家里省出一碗面，所以一碗面的激励是有效的。但是到了现在，大家跟着你干了这么多年，收入已不成问题。这个时候，员工最关心的就是自己的事业前途、人生价值，所以激励方式应做出相应的改变。

这就是"无为而治"思想在现代人力资源管理方面的应用，说到底，就是要研究人的特质，而且要根据不同组织、不同阶段以及人的不同层次设计有效的管理办法。

此处再介绍一个案例：

有朋友在感叹"很多企业领导者不知道自己正在做的一件事：如何搞垮自己的企业"。这个评论很精彩，确实，不少企业或主要领导者常常在努力地做一件重要工作：如何阻碍自己的企业发展，如何搞垮自己的企业。

不少企业的经理都在阻碍自己的企业发展，这是怎么回事呢？这里有一个真实的案例：我在参加某企业的一次会议时，该企业的总裁跟我说，公司的经理要是出国待上三五年，那公司发展就会好很多。实际上该经理兢兢业业，为公司付出了不少，但他的总裁和副总裁们却这样来评价他，为什么？事实上，企业发展到一定阶段时，很多企业家如果没有找到企业发展的规律，没有找到它的"道"的话，那么，有时候他大量的作为实际上是在阻碍企业的发展，他可能是企业最大的成功因子，但也最有可能成为企业最大的阻力或者说是破坏因子、障碍因子，因为他的所有的行为和思维状况都会影响到整个组织的发展。

在这里，我建议企业家有时不要太好学。因为我看到有些企业家会出现一种情况：他今天去听报告，听了之后很激动，就想要在企业里大刀阔斧进行改革，重新编写制度、重新梳理流程，搞得大家鸡飞狗跳，折腾了几个月，好不容易快要把他想做的东西做出来了，这位企业家又学了新的东西回来，又要去改革。这种企业家我曾经碰到过很多，他们这种做法是在把自己的企业当作实验室，不断地在做实验，这样下去再好的企业也会被折腾坏。

历史上许多王朝都将"无为而治"奉为治国圭臬，西汉、盛唐、大明莫不如此。通俗而言，在企业管理中的"无为而治"可理解为要遵照规律来管理，不能违背规律胡作非为。企业家作为企业资源的主要控制者与配置者，对企业组织的影响力最大，也最需要掌握企业的运行规律，并很好地遵守规律来运行企业，如果一味地按照自己不准确的理解，甚至个人的情绪和偏好去管理企业，极有可能破坏组织的系统功能，伤及和阻碍组织的系统运行，事与愿违，影响企业的正常发展。

企业家要学会"不为"，切忌"胡为"，时时警醒，约束好自己的行为，企业家身份特殊，责任尤重，切不可陷入"努力搞垮自己企业"的魔咒之中，记得《道德经》中的另一句话"以辅万物之自然，而不敢为"，意思是要坚持顺应自然，恪守"无为"之道。

企业家管理水平的提高不可能一蹴而就，只能逐步优化。谨防企业家"太好"学习、"太好"模仿，乱折腾，把自己的企业当成各种管理模式的实验场。

引申出的学习方法与问题讨论 (8-1)

辨析"无为而治"就是"消极""不作为"的观点。

第九讲

成长型企业人力资源管理"瓶颈"突破

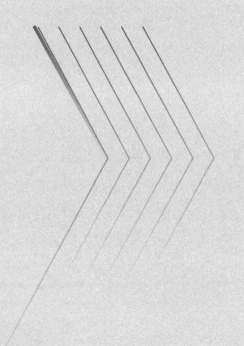

教学目标

- 掌握企业不同成长阶段面临的主要人力资源问题及解决对策
- 重点关注企业业主在不同阶段如何应对不同的人力资源管理难题
- 掌握家族式管理模式下的人力资源利与弊，学会正确应对

创新性教学提示

- 引导读者学习从动态视角研究组织人力资源管理问题
- 引领读者领悟人力资源管理的情境性和艺术性特征
- 引导读者正确认识中国民营企业人力资源管理特征

本讲纲要

本讲旨在解决成长型企业人力资源管理瓶颈难题。在剖析成长型企业特征和人力资源主要瓶颈因素的基础上，通过实例方法解析了主要制约企业成长发展的人力资源管理问题，重点解析了企业家观念转换、人力资源管理模式转换等难点问题。

在前面的章节中，我们讲解了中国经济背景下人力资源管理的特质，同时也讲述了中国文化特质对我国人力资源管理的一些影响，从这一讲我们开始讲解人力资源管理在操作上的一些热点和难点问题，并在中国目前这种情境背景下分析这些热点和难点问题。

我国绝大多数民营企业都比较年轻，正处在成长期。全国工商联编写的《中国民营企业发展报告》披露，我们国家每年新生 15 万家民营企业，同时又会倒闭 10 万多家，有 60% 的民营企业在 5 年内破产，85% 的民营企业在 10 年内消亡，其平均寿命只有 2.9 年。根据国家发改委（National Development and Reform Commission，NDRC）统计报告，2011 年中国有 87 000 家中小企业（Small and Medium-sized Enterprises，SMEs）濒临破产，"转型""上涨""钱荒""跑路""人才荒""动荡"等成为中小企业 2011 年生存状态的真实写照。如何使这些成长型企业跨越成长期，实现可持续发展是当今中国管理学界具有重大意义的现实课题。正是基于这一点，我们来研究成长型企业如何跨越人力资源管理的瓶颈问题。

成长型企业内涵

我们先来看看成长型企业的内涵。爱迪思[①]的生命周期理论中，将企业成长分为孕育期、婴儿期、学步期、青春期、盛年期、稳定期、贵族期、官僚初期、官僚期以及死亡期十个阶段，如图 9-1 所示。

---

① 爱迪思是美国最有影响力的管理学家之一，企业生命周期理论创立者，组织变革和组织治疗专家。

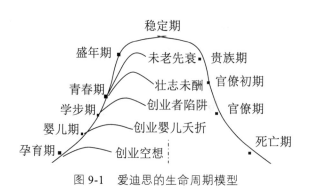

图 9-1　爱迪思的生命周期模型

在这里我们不考虑青春期之前的孕育期，保留婴儿期、学步期和青春期，我们把这一阶段叫作成长期。本课程将成长型企业界定为处于婴儿期阶段到青春期阶段的企业，而且该类企业在较长时期（如 3～5 年及以上）内，具有持续挖掘未利用资源的能力，不同程度地表现出整体扩张的态势，未来发展预期良好，即成长型企业既具有成长性又处在成长阶段。

制约成长型企业发展的主要人力资源管理瓶颈因素及瓶颈突破

本课程将成长型企业界定为处于婴儿期阶段到青春期阶段的企业，界定了成长型企业之后，我们再来研究制约成长型企业发展的主要人力资源管理的瓶颈因素，然后在这个基础上思考如何来突破它。我总结了制约成长型企业人力资源管理发展的五个方面：组织转换瓶颈、企业主理念转换瓶颈、人力资源管理模式转换瓶颈、人才引进与使用瓶颈、家族式管理模式瓶颈如图 9-2 所示。实际上制约成长型企业人力资源管理发展的因素有很多，我在这里暂且归聚到这五个主要的因素上来展开讨论。

第九讲 成长型企业人力资源管理"瓶颈"突破

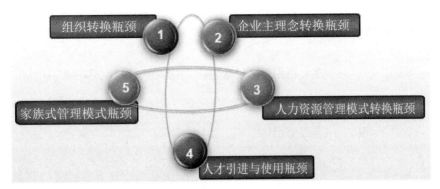

图 9-2　制约成长型企业人力资源管理发展

（一）组织转换瓶颈突破

首先我们来看看第一个方面：组织转换瓶颈突破（图 9-3）。组织就像人一样，它的组织状态和成长发展到一定阶段时，组织会发生非常重要的蜕变。大家可以看到，组织在成长阶段跨过婴儿期，进入青春期时，我们给组织赋予的性质将会发生很大的变化，它会从一个小作坊变成一个真正的社会性组织，由企业主主导变成由组织功能主导。我们再来剖析一下企业变化前和变化后的差异，在这里我们有意识地把小作坊和社会性组织这两个概念分离开来。小作坊是没有跨越成长阶段的企业，或者说处于成长阶段包括成长阶段之前的企业，它只是少数人或者以企业主为主，带着少数人谋生的一个小的工作作坊，这时它的社会组织性的功能并不明显。

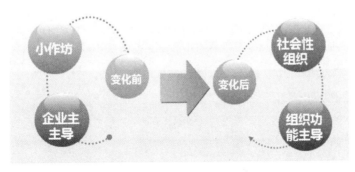

图 9-3　组织转换瓶颈突破

我们画一个图就可以知道，当这个组织很小的时候，它存在于一个很大的外部社会系统中，而它只是其中一个很小的圆圈。那么处于一个大的社会系统之中的这个小圆圈，它与社会大系统相交的边界非常小，它们之间的作用力和反作用力也是比较小的，这时的组织与社会兼容的矛盾并不凸显。但是当这个组织规模扩大之后，就跨越到了第二个圆圈，这时组织规模扩大了，它和整个社会系统相交的边界随之扩大，此时它们之间的作用力和反作用力变大了，它对社会的影响功能加大，再加上社会对它的要求也加大了，它就真正地变成了一个社会性的组织。而当它变成社会性组织时，它和社会之间就产生了非常重要的关联性，很多问题便衍生出来，这是很多企业主很难跨越的一个坎，比如说，小规模的企业初期很难做到规范，就算有什么环保问题也没关系，存在税收问题也没关系，劳动用工方面也没那么多要求，尽管不规范，但它对社会的作用力有限，社会对它的反弹力也有限，所以并不影响它的正常生存。但是当企业规模扩大之后，它不规范就存活不了，所以很多企业主在这个阶段由于企业功能的变化，很多制度就要变。大家设想一下，如果一个规模很大的企业天天污染环境，对社会带来了很大的负面影响，社会能容得下它吗？它经常逃税避税，能行吗？我曾经跟企业界的朋友说过，当公司规模还是很小的时候你可以不按规矩办，因为你的违规成本不大，但当公司规模大了还不按规矩办，那公司就无法生存下去，无法做大，这就会成为公司发展中一个很大的障碍。

组织在最初的阶段就是由企业主主导。我这里用的词是"企业主主导"，而没有说是"企业家主导"，因为规模小的企业实在没办法给他封个"家"字，那么在企业主主导的情况下，他想怎么做就怎么做。

曾经有些企业主跑到长沙来找我，一见面就跟我说想要把他们的企业做大、做强，我立马就给他泼冷水，问他们为什么要做大？为什么要做强？他回答不上来。我跟他们讲到，小规模企业经营起来最舒服，为什么？如果要把企业做大，就要有充分的思想准备，要是准备不足，反而会产生很多问题。我给他们打过比方，当经营小企业时，要是说好今天上午九点钟开会，但早晨睡得很舒服不想起床，打个电话说不开就不开；过两天看中了谁，立马提拔他，给他加薪；看谁不顺眼了，也可以随意将他打发了，随心所欲。在这么一个小企业中，对企业的管控基本上凭着企业主自己的精力，一双眼睛就足够了，这是比较轻松的。然而，当企业做大了，企业不是你个人凭着自己的时间和一双眼睛可以管控得了的，那么这时候的组织就需要靠制度去运转。很多企业就是过不了这个坎，因为企业主的时间和精力总是有限的，所以在这个阶段组织就应该变成一个组织功能在运转了，你要想办法去培育它的组织功能，维系这个组织功能，而不是一切都靠自己来控制。

（二）企业主理念转换瓶颈突破

该瓶颈涉及更多具体的问题，其实刚刚在讲解组织转换的时候已经涉及企业主的理念瓶颈，所以在这里我讲的企业主自身理念障碍指的是成长型企业最难突破的瓶颈。我了解到很多民营企业都存在这样的问题，他们的理念若不突破，做再多都是无用功。关于这方面的问题，我这里分享一个案例：

有一家企业在2002年的销售额是3000万元，产品的市场空间非常好。在这之前，我花了很多工夫在这家企业上，成功地帮助它从一个小企业跨越成长阶段发展成为如今的大企业。当时我给该企业主提出了两条建议：一是组织一个非常优秀的团队，设置好游戏规则；二是和相关联的大企业通力合作。我提出的这两条建议都面临着重大的理念突破。很遗憾的是，该企业的企业主做得非常辛苦，因为他一直是处于自己控制企业的状态，他自己当董事长、管理营销，他的太太当财务总监、技术副总、人力资源总监、办公室主任，还管理生产。几次我约他一起喝茶，时间都安排到了晚上十点。他太太有时候也是晚上十二点才从工厂里面出来，后来我实在忍不住了，笑着跟他说：你这个人太没出息了，人家当领导都是剥削别人，你倒好，天天剥削自己的老婆，你一定得突破这种瓶颈。

但是企业主的理念瓶颈并不容易突破，该如何解决？要从"独断"到"团断"，就是说作为企业主，原来想怎么样，自己决定便可，而现在是由一个团队来决定。

有一次，一个小企业的企业主来请我吃饭，吃完饭后，我跟他说你的企业需要进行大变革。在吃饭的过程中，该企业主并未提及公司遇到的难题，但我发现该企业主挎着一个很大的皮包，吃饭点菜、结账都自己来，一边吃着饭还不断地有人拿着出差的发票来找他签字，这并不是一个大企业企业主应有的做法，所有的事情都想亲力亲为。企业主的时间和精力、知识、经验、背景决定了企业的发展空间，如果不能放开，那么企业就做不大，所以突破这个瓶颈首先就是要从一切都自己决断变成由团队来决断。要从个人意识变成法人意识，而不是把这个组织当作是自己的。我曾经说过一句话：

很小的企业，创业的时候你要把它当作自己的企业才能做起来，这样才能够把它做成功，才能创业成功，但是企业要想做大，就一定不能再把它当作自己的企业，否则就是在阻碍它的发展。

在该阶段很多企业主都是个人意识，他们一直认为自己就是企业，企业就是他们自己。如果投资，两杯酒下肚，一高兴就决定投一百万元，立刻打电话让财务转账，这样的企业绝对是不正规的，也绝对不可能做大。如果企业主决定要投资，可以，但这只是企业主的一个提议，接下来财务部门组织人员进行论证，按照真正实施的决策程序执行，这样的企业才是健康的，这就是法人在运转。我曾经帮助有些企业主改变自己的决断，但有些企业主自我管理习惯了，觉得在自己的企业里做什么事情还要去问别人，本来自己对企业最熟悉了，现在反而不能做主了，这是他们所不能接受的。的确，他们是对企业最熟悉的人，但是他们做十次决策，有九次是对的，可是只要有一次错误，整个计划就会前功尽弃，如果所有的东西都建立在自己熟悉的基础上,那么这个企业就没有更大的发展空间。所以在这种情况下,企业主的理念就要进行调整,要从个人主导变成由归属组织来主导。

那么,我们再来看一下这个瓶颈应该如何突破,这里我们看一下这个过程中最应该要解决的问题,就是要改变企业主的思维模式、改变企业主的理念,改变的依据就是:圣吉①的《第五项修炼》。《第五项修炼》中的第一点是自我超越,所以我建议企业主们应该在这个阶段好好学一下。第二点是改变心智模式。这两点对企业主来说是非常重要的,企业主需要改善自己的心智模式、超越自我。因为在创业阶段,所有的组织运行在不同阶段的规律是不同的。我经常想对成长型企业的企业主讲的一句话就是"成功是失败之母",一般我们说失败是成功之母,很多成长型企业在跨越中遇到的问题恰恰是什么?企业创业成功的有些因素反过来变成制约企业发展的因素,成为企业跨越成长阶段的最大障碍。比如说,有些企业主做事非常精细、事必躬亲,这在创业阶段是完全必要的,但是到了成长阶段,它可能就变成企业发展最大的障碍,因为组织在这个阶段所需要的管理方式和模式已经完全变了。有些企业主做事非常胆大、果断,这是他初步成功的原因,但是他胆大、冒险的精神有可能成为企业下一个阶段发展中的最大的风险根源,甚至将组织推向垮台。所以这个阶段最重要的就是改善心智模式,当然建立好团队之后,还需要建立共同愿景,带领团队学习,而且要学会系统思考。在此,我特意将《第五项修炼》列到这里,我觉得这几点比较适合企业主,这是他们在这个阶段需要关注和学习的。

有哪些办法可以帮助企业主改变理念以适应企业发展之需呢?实际上有许多方法可以帮助企业主。首先,可以改变企业主自身的一些理念,如他们可以通过进入

---

① 彼得·圣吉是美国麻省理工学院(MIT)斯隆管理学院资深教授,国际组织学习协会(SOL)创始人、主席,编有《第五项修炼:学习型组织的艺术与实务》《第五项修炼·实践篇》《变革之舞》《学习型学校》等著作。

高校进一步学习，通过对理论的学习改变他的一些思想观念。另外，他们还可以向其他更优秀的企业吸取经验，同那些优秀的企业主进行交流，从而在交流中改变他的思想。此外，他们还可以到一些企业去参观、去学习、去交流，这可以拓展眼界和信息流；甚至去静思，都不失为一种办法。同时，要让他养成不要一切事情都自己决策的习惯，换一种方式多听、多咨询他人的意见，甚至把一些重要的事情开始有意识地转向专业性的决策流程中去，比如财务问题，就由财务方面的专业人员去探讨，甚至向专业的顾问和外部机构寻求支持服务，学会借用别人和专业的支持力量。这样一来就可以聚合各种力量支持企业的发展，这方面的方法还有很多，大家可以进一步去思考。企业主理念转换瓶颈突破如图9-4所示。

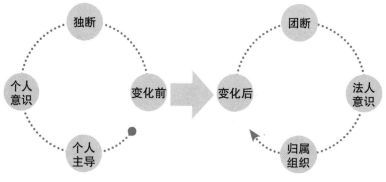

图9-4　企业主理念转换瓶颈突破

引申出的学习方法或问题讨论（9-1）

你认为有哪些方法可以帮助企业主改变理念，适应企业发展之需？

（三）人力资源管理模式转换瓶颈突破

人力资源管理模式有哪些地方需要进行转换？个人管理功能变成了团队分工协作，个人管理机制变成团队管理机制，这是一个很大的变化。成长型企业跨越成长阶段时会带来管理上的什么变化呢？打个比方，它是从功能聚集一身的"毛毛虫"蜕变成功能分化的"彩蝶"。我经常用毛毛虫形容小企业的管理模式：它的脑袋、身子、手脚都在一个个体上面，而该个体就是企业主自己，企业主既是决策者又是重要的执行者、监督者，很多功能都集中于企业主身上而未分化出去。那么在这种状态下，企业是不可能做大的，需要进一步分化成一个四肢健全、脏腑分工明细的高层次生命体。那么这个高层次生命体是如何分工的呢？企业主就是头脑，他的核心团队成员是手脚，五脏六腑就是职能部门。脑袋只能去做脑袋的事，主要承担思想、决策、命令、指挥的功能，但是却不能够用脑袋去走路。但很多企业主处在用脑袋去走路的阶段，他觉得脑袋走路很舒服、很自然，但是他不知道这是最大的问题，所以在这个过程中要从个人管理功能转变成为团队分工协作是非常不易的。在理念上，企业主首要的问题就是不放心、放不下，很多企业在这个过程中都遇到了很多挫折。比如说企业主请一个人，本来打算请"一只手"进来帮他，"手"应该是来帮他做事的，结果发现"手"还打了自己的嘴巴，于是他决定："干脆我以后不要'手'了，把'手'砍了。"我以前就碰到过这样的企业主，他说："我再也不相信什么助手了。"那我说："可以，你不相信助手，你就不要奢望把企业做大，不能因噎废食，你要反思为什么助手没有发挥作用，是你授权不够？还是你的制度约束机制不合理？"这是企业发展中的一个非常重要的问题。人力资源管理模式转换瓶突破如图 9-5 所示。

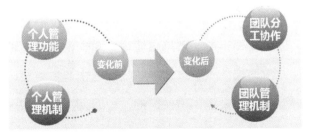

图 9-5　人力资源管理模式转换瓶颈突破

(四)人才引进与使用瓶颈突破

既然说在这个阶段要从个人管理转变成为团队管理,那么这个团队从哪来呢?当然,我们期望有自己组织内部成长起来的核心成员,但这往往是不够的,因为我们在研究时发现一个创业组织基本上是一只狮子带一群绵羊,这种模式下企业往往是容易成功的。而如果一个组织中有几只狮子,企业想要成功就难上加难了,这就是我们常说的:一山难容二虎。到了这个阶段,企业主身边紧缺优秀人才,他需要引进人才,这时就会出现很多矛盾,我这里有句话:引进并用好优秀人才是一个现实难题。难题在哪里呢?第一,引进新员工时,内部的人会有排斥感,企业内部老员工会觉得引进外面的人对他们是不公平的,这便带来了引进与内升的矛盾。第二,如何将人才引进与组织模式融合起来?第三,引进有风险,会试错。我刚刚说了本来公司想引进一个人,但可能会出错,怎么办?面试官不可能永远不出错,因为有些面试者给人的感觉很好,他的履历很好,面试感觉也不错,但真正工作时就发现他并不能完全胜任,怎么办?第四,成本和需求之间的矛盾,企业需要很优秀的人才,但引进优秀人才的成本很高。这时,企业主也会陷入一个困境:我花了很多钱引进优秀人才,那他们能不能胜任工作,事先也不得而知。第五,引进人才涉及用人余量的问题。

当这五个问题都交织在一起的时候,该如何去解决呢?在这里我简单罗列几条核心建议。第一,一定要留给引进的人才足够的空间。赋予他们责权利,给予他们足够的资源。但是在一个成长型的企业里,原本留出了这种空间吗?企业主承担着所有的责任并掌控权力,所以这个空间需要企业主将自己腾出来。如果不给优秀人才一定的空间他是发挥不了作用的,也融入不到组织中,最后企业主会发现他没用,他也觉得自己在企业中没有体现应有的价值,这就是成长型企业引进人才却留不住人才的原因。第二,一定要留给引进的人才足够的时间。为什么？再优秀的人才，在组织中都会有磨合、融合的过程，要给他时间，很多企业主往往在这个阶段急于求成，恨不得引进人才之后三个月解决一切问题，这是不可能的。所以在这个磨合过程中，企业主要有风险意识。第三，关于"用人余量"的问题。企业主想将关键的岗位授权给新引进的人才，如企业主自己管理营销时，一个人够了，但是如果一开始就将所有的营销工作都压在他身上，这时的风险是很大的。可以将其分解，由两个人共同来管理营销，从而降低风险。另外要提醒的是：不要用"次品"。人用错了叫作"一将无能累死三军"，这样一来是最不划算的。如果你用了合适的人，就不要在成本上过分要求，否则反而得不偿失。

（五）家族式管理模式瓶颈突破

创业阶段的企业家族式管理是有天然优势的，所以它在中国成长型企业中占了很大的比例。最近一次全国民营企业普查资料显示，构成成长型企业主体的民营企业中，70%实行的是家族式管理，家族式管理瓶颈突破成为本部分课程的重点问题。家族企业的优势何在？家族系统和企业系统一个是亲情系统，是一个经济组织。在早期时，亲情本身就有一种利益共同性，它可以消减控制的压力，降低管理的风险和难度。很多成长型企业是没有管理制度的，那么它主要靠什么来管理、运行？它没办法制定很多管理制度，一是因为管理制度运行成本太高；二是因为不确定性因素太多，在这种情况下，企业主就会利用家族关系，请兄弟、姐妹等亲戚来帮忙，这样确实能降低很多的管理风险。但是成长型企业到了跨越阶段之后，大家有没有想过如果一直采用家族式管理会陷入什么样的困境？家族的逻辑是什么？亲情逻辑，是相爱的逻辑。那么企业这个系统的逻辑是什么？能力逻辑，谁有本事我就用谁。这两种逻辑是不兼容的。如果使用家族式管理模式，管理者用人的空间会受到抑制，组织内部相当于以"二元标准"在用人，家族成员在组织内部就会高人一等,其他优秀的人员进来了也会感觉到在组织中是"二等公民",发挥不了应有的作用,一般很难待得住。所以,家族式管理的突破是成长型企业的最后一个也是最重要的突破。突破路径在哪里?建议家族成员退出董事会和决策层层面,让出经理层面经营的平台,引进优秀的企业管理者、优秀的职业经理人,这样基本能解决家族式管理存在的问题。

> **引申出的学习方法或问题讨论(9-2)**
>
> 有人说家族式企业做不大,但在东南亚地区却不乏成功的且颇具规模的家族式企业,请判断他们跨越成长阶段走向成功发展的主要经验可能有哪些?

第十讲

如何提升团队凝聚力

教学目标

- 掌握影响团队凝聚力的主要因素及其作用机理
- 掌握通过不同影响因素提高团队凝聚力的基本方法
- 重点关注对团队凝聚力起决定性影响的团队领导者必备素养

创新性教学提示

- 引领读者从多维度分析影响团队凝聚力的各种因素并灵活应用
- 引导读者形成提升自我素养以提升团队凝聚力的观念，学会从自身角度解决管理问题的思维方法
- 学会借鉴历史掌故解析现实问题

本讲纲要

本讲选定人力资源管理实务中的热点和难点问题之团队凝聚力的提升进行解析。在界定团队凝聚力内涵的基础上，提出了团队凝聚力的主要影响因子，重点讲解了利益共同性、价值认同度、目标前景、外部威胁等关键影响因子的作用机理和应用方法；最后从惠泽成员、敢于担当、宽以待人、欣赏同伴、控制情绪5个方面解析核心领导者提升自我素养，进而提升团队凝聚力的操作方法。

第十讲的主题是"如何提升团队凝聚力",这又是人力资源管理方面的一个现实热点问题。在第九讲中,我们学习了成长型企业的人力资源管理瓶颈突破的途径:从个人管理变成团队管理。如何带好一个团队,这几乎是所有管理者必须要面对的问题,也是考验所有管理者的一个难题。我常常讲,人力资源管理的基点和落脚处就是要管理团队,并且管理好团队。团队的关键是凝聚力,所以这一讲的焦点在于如何提升团队凝聚力。

团队凝聚力的内涵

团队就是一群通过互相依赖完成任务、为结果共担责任的多个个体的集合,团队成员自己承认自己归属于该团队,团队外人员也视这些个体是该团队中的一员,他们是镶嵌于一个或多个社会系统(如公司等)中的完整社会实体,对他们关系的管理超越了组织边界,简单地说,团队是可以跨部门的、跨区域的。

凝聚力是团队建设的核心,是团队行为重要的预测变量,高凝聚力团队成员间表现出高水平的亲和力和信任,以及较高的满意度和对团队较高的情感认同,这些因素对团队的成功来说十分重要,所以我们首先看一下凝聚力的定义。

Festinger(1950)最先给出了凝聚力的描述性定义:"一种作用在团队成员身上,并使成员留在团队中的力量。"

Carron(1982)认为团队凝聚力是反映团队倾向黏合在一起,共同去追求某一目标或对象的动力过程,其实质是反映一个团队的成员在目标、情感和行为上的整合力量。

团队凝聚力的影响因子

研究发现,凝聚力包括两个相互独立的维度,即任务凝聚力和社会凝聚力。任务凝聚力反映的是团队内成员为达到特定的任务而愿意在一起工作的程度,它是与完成团队目标和指向活动的客体相联系的。社会凝聚力又称为交往凝聚力，反映队员之间彼此喜欢和愉快交往的程度，是涉及友谊、亲和力及社会性支持等人际关系的凝聚力。

了解这两个概念之后，我们再看一下凝聚力的结构（如图10-1所示）。我们可以看到任务凝聚力里面又包括一系列的维度：以前的成功、团队规模、利益共同性、外部威胁、加入难度；而社会凝聚力包括领导者素养、团队封闭/开放程度、团队目标与前景、价值认同度、知识与资源共享状态，这一系列的维度构成了团队凝聚力的影响因子。

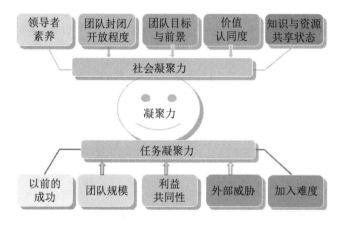

图 10-1　凝聚力的结构

团队凝聚力关键影响因子的解析和应用

根据以上列举出的团队凝聚力的影响因素，我们可以就此进行团队凝聚力影响因子的解析，在此重点解析其中几个影响因子。利益共同性，它是基于人的生物性需求，是团队凝聚力的基础的刚性因子。请注意，在此我用了"刚性"一词，就是说利益共同性出了问题，团队的凝聚力一定会出问题。我们从案例中来剖析这一部分的理论。

某企业开始是由一位国企总经理带领 5 名核心骨干创建的。企业创立时，该总经理承诺先由他出资，大家共同协办创业，成功后另外 5 名核心骨干将得到不少于 50% 的股份，由我作为外部专家顾问作证并设计方案。在企业初创的几年里，整个核心骨干可以说是不计任何酬劳，没日没夜地工作，高度团结，企业的规模也是越做越大，3 年后，该企业创业成功，企业的资产已达到几亿元。于是，到了这个阶段，这些团队骨干就开始惦记着老总之前许下的承诺——股权分享的事了，此时问题也慢慢浮现出来。团队成员经常找我说："颜老师，总经理原来说过分股份的事由你来做技术设计，如今进行得怎么样了？"于是，我就代表团队成员与总经理沟通此事，然而总经理一直顾左右而言他。与总经理沟通未果，我就告诉团队成员让他们自己去找总经理沟通，结果总经理就在那里批评他们，说道："是啊，不对呀，这个颜教授怎么不关心我们具体的事，我让他负责这件事的。"后来团队成员告诉我这个事，我再去与总经理沟通。意料之中，总经理又顾左右而言他。股权分享的事，如果总经理不点头同意，我是无法执行的。最后，这个事情反反复复几个月之后，大家都明白了总经理的真实想法。从此以后，整个公司的工作氛围就变了，团队成员经常请病假，工作也不积极主动，整个团队萎靡不振，企业陷入危机。同样一支团队，前后的工作氛围差异为何如此之大？其中的缘由是很明晰的，因为利益共同性，总经理之前许诺干得好大家有不少于 50% 的股份。而后来，这个团队已经对总经理失去了信心与信任。

在这个例子中我们可以发现，价值认同度是基于人的社会性需求，对高层团队凝聚力尤为重要。很多企业发展就存在这一问题。我举个三一重工的例子："三一"是它本身的名字，为什么叫"三一"？因为从创业第一天起，他们就提出"要做一流的企业，要做出一流的贡献，要培养出一流的人才"。当然后来"三一"的内涵也不断有一些变化，但是基本上还是这个含义。如果同一个组织中的人没有价值认同度，管理者的目标就是要员工过来帮他干活，被他所利用，被他所"剥削"，那么，一定没人心甘情愿被他所剥削。所以，一定要有很高的价值认同，才能够把团队凝聚起来。企业发展到一定阶段时，一定是要持有这种观念才可以进一步壮大企业。

一个团队要想凝聚起来，就必须有目标与前景，这是团队凝聚力的重要牵引力和向心力。优秀的团队领导者善于在组织困难的时候，给组织成员设定好目标，让他们感受到希望，看到前景。这里有一个有关宋江的例子：宋江上梁山的一个重要的变化是调整了梁山的核心价值观和发展目标。宋江的核心价值观是什么？原先梁山上英雄好汉们聚会、议事、欢庆、出征、颁令的地方叫"聚义厅"，但是后来宋江将它改名为"忠义厅"，而且他打出的核心价值的旗号是替天行道。在前面几讲中，我提到中国古人很看重"天人合一"的思想。皇帝的职能都是奉天承运，代表天来教化人们，来治理天下，他都不敢说这都是按他自己的意愿而是按天意行事。所以，理解该文化背景之后，我们再来看，替天行道是什么？皇帝没做好的，我们帮着做好，这是多么正义的事。大家想想，如果宋江不改这个招牌，梁山的团队会凝聚起来吗？我们稍微分析一下，比如说李逵，上梁山之前是吃了上顿没下顿，而在梁山上可以大碗喝酒、大块吃肉。孙二娘、矮脚虎王英和时迁的情况也差不多。但我们再来看看大刀关胜、霹雳火秦明、双鞭呼延灼、小李广花荣，他们都是将门之后，上山当土匪，在价值理念上是羞辱门楣的行为，他们可能不会选择上山，即使上了山也不会安心。而宋江的"替天行道"这个旗号一打，很多人都可以聚集起来，这便是价值认同的影响力。

我发现在很多企业中，没有哪家企业管理者会说"我的企业文化是剥削员工"，反而他们都会说企业的目标是"实业报国，为民族振兴"。松下幸之助[①]曾

[①] 松下幸之助是日本著名跨国公司松下电器的创始人，被称为"经营之神"。

提出一个著名的"自来水哲学"①，他认为他要做的产品，要像自来水一样的廉价和丰富。他还在企业里成立过"和平和发展研究所"，提出为社会和平和发展作出贡献。

团队凝聚力的关键影响因子的另外一点是外部威胁。一般来说，团队外部压力增大，基于生存需要，团队成员之间依赖性增强，理性程度增加，团队凝聚力增强；而外部压力削减，团队中个体的互助需求压力减轻，理性下降，内部摩擦增大，凝聚力下降。

历史上许多王朝或农民起义团队在取得政权之后，高层团队出现激烈冲突，比如"太平天国"，起义早期大家都很团结，凝聚力很强，但在取得初步成功后，内部矛盾逐渐增大。现在很多企业，创业初期精诚团结，但当企业发展到一定阶段后，团队内部矛盾剧增。再比如，在《倚天屠龙记》这部电视剧中，张翠山、殷素素和金毛狮王谢逊三个性格迥异的人，按理说是完全凝聚不到一起的，但最后他们能够和谐相处并发展结成了一支非常紧密的团队，为什么？因为他们三人一同上了冰火岛，在冰火岛的恶劣环境中，他们之间只能互相依赖，殷素素和张翠山结为夫妻，谢逊和张翠山成了结拜兄弟，所以说，团队环境深刻地影响着团队凝聚力。

以上讲解了几个团队凝聚力的关键影响因子，那现在的问题是，团队凝聚力对组织绩效是正向相关吗？可能出现的调节变量有哪些？其实评论团队绩效对组织绩效是否存在正相关关系，并没有固定的结论。那么可能出现哪些调节变量？这实际上是两个变量之间的关系，它们不一定正相关，因为团队凝聚力可能就有一个方向性。当团队的目标或团队的价值观与组织的目标、组织的战略或组织价值观相一致时，它才能够对组织绩效有一个正向作用，并且团队凝聚力、整个团队的目标和价值观，肯定会受到团队领导力的影响。尤其是在高

---

① "自来水哲学"是松下幸之助对企业使命的比喻。对于这一使命，最简单的表述就是消除世界贫困，使人类走向繁荣和富裕。他认为企业的责任是：把大众需要的东西，变得像自来水一样便宜。

管团队中，如果团队领导者属于德行领导或者伦理型领导，那么他对组织的绩效会有一个正向的调节作用。这个题目有点难度，难在哪里？凝聚力聚起来了，但并不是说凝聚力强的团队一定能够创造出好的结果和价值。如果它的方向是对的，战略是对的，它就可能创造出很好的绩效，但如果战略不对，它的破坏性也会很大。也就是说，如果战略和组织的整体目标一致，凝聚力很强的团队会发挥很好的作用，如果不一致，它可能会对组织绩效起到很强的反作用。

> **引申出的学习方法或问题讨论（10-1）**
>
> 团队凝聚力对组织绩效是正向相关吗？可能出现的调节变量有哪些？

▎凝聚力的核心——团队领导者必备素养

团队领导者是团队聚合的"晶核"[①]，是决定团队凝聚力的核心和根本点。团队领导者素质不高，而团队凝聚力强，这是不可能的。提升团队领导者素养是团队凝聚力提升的关键。所以说，团队领导者是决定团队凝聚力的关键，在这里，我特意将该问题单独拿出来讲解。我们总结得出，团队领导者可从以下五个方面提升素养（如图10-2所示），达到提升团队凝聚力的目标。它们分别是：惠泽成员、敢于担当、宽以待人、欣赏同伴、控制情绪。

---

① 晶核是材料和物理学的概念，指晶体的生长中心。晶核可分为两类：一类是由聚合物因热涨落而形成的结晶中心，称均相成核；另一类是由于某种高熔点异相体的存在使客体的表面形成结晶中心，称异相成核。

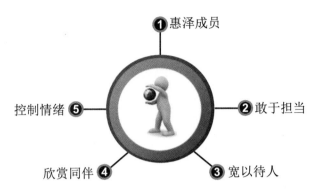

图 10-2　团队领导者的必备素养

第一，惠泽成员。我在讲解文化的时候提到：

恭则不侮，宽则得众，信则人任焉，敏则有功，惠则足以使人。①

"惠则足以使人"的意思就是说要有恩泽于人，才能去使唤人。作为团队领导者，必须在利益上"放得下"，切忌利用团队领导的身份去争夺团队成员的利益，而是要尊重和关心团队成员的利益诉求，妥善处理好团队内部的利益分配。前蒙牛董事长牛根生曾经说过："财聚人散，财散人聚"，我非常赞成他的观点。财散掉人心就聚拢了；财聚了之后人心就散了，这是很辩证的观点。

第二，敢于担当。团队核心领导者一定要敢于担责，切忌把责任和麻烦推给下属。能"推功揽过"者方能凝聚人心。现实中很多领导者都会存在这样的问题，观察发现，有些知识型领导个人能力很强，水平也很高，虽然他个人修养好，但却没人愿意跟随，团队的感召力不足。我们可能还会发现另外一类人，他身上有一堆毛病，但身边却有一帮人死心塌地跟随，为什么？这种问题很值得我们思考，有的领导者往往是一出问题，就往下属身上推，一旦有好处就往自己身上揽，这种领导是没人愿意跟随的。温家宝曾经说过"事不避难，敢于担当，奋

---

① 语出自《论语·阳货》。

勇向前"，这就是一种敢于担责的领导者的气度。宋朝的陈抟①有一句话：

> 责人重而责己轻，弗与同谋共事；功归人而过归己，佇堪救患扶灾。②

这句话的意思是说遇到问题就把责任推给别人，而不自我批评，这种人不可共事。遇到问题会自责，绝不批评别人，这种人能担大任，救助百姓众生。能够把功劳归给他人，把过错归给自己的人，是最能合作的人，也是最有人格魅力的人。孔明在《将苑》中写道：

> 古之善将者，养人如养己子，有难则以身先之，有功则以身后之。伤者，泣而抚之；死者，哀而葬之；饥者，舍食而食之；寒者，解衣而衣之；智者，礼而禄之；勇者，赏而劝之，将能如此，所向必捷矣。③

这句话的大致意思是说如果一个人能够把功劳让给人家，把责任留给自己，这样的领导者才能将团队凝聚起来。将孔明的这句话反过来讲，我们有些人就是"有难则以身后之，有功则以身先之"④，这一类人是不可能当好领导者的。

第三，宽以待人。领导者要宽以待人，核心领导者必须有容人之量，至少要能包容整个团队成员，才可能带领团队，才能构成团队持久的凝聚力。林则徐有一句话："海纳百川，有容乃大；壁立千仞，无欲则刚。"这里还引用了荀子的一句话：

> 君子贤而能容罢，知而能容愚，博而能容浅，粹而能容杂，夫是之谓兼术。⑤

---

① 陈抟是北宋著名的道家学者、养生家，尊奉黄老之学，著有《指玄篇》《易龙图》《先天图》《无极图》等。
②④ 语出自《心相篇》。
③ 语出自《将苑·卷二·哀死》。
⑤ 语出自《荀子·非相篇》。

这句话的大致意思是说君子贤能而能容纳软弱无能的人，聪明的人能容纳愚笨的人，才学渊博的人能容纳才学疏浅的人，道德纯粹的人能容纳品行不纯的人。

下面我们再来分享一个典故。汉朝刘向在《说苑·复恩》中写了一则很著名的故事：

楚庄王赐群臣酒，日暮酒酣，灯烛灭。乃有引美人之衣者，美人援绝其冠缨，告王曰："……趣火来上，视绝缨者。"王曰："赐人酒，使醉失礼，奈何欲显妇人之节而辱士乎？"乃命左右曰："今日与寡人饮，不绝缨者不欢。"群臣百有余人，皆绝去其冠缨而上火。卒尽欢而罢。居三年，晋与楚战。有一臣常在前，五合五奋，着却敌，卒得胜之。庄王怪而问曰："寡人德薄，又未尝异子，子何故出死不疑如是？"对曰："……臣乃夜绝缨者。"

后面很多史学家评说这件事，楚庄王这样叫作量大福大，甚至说楚王当时杀了这个臣子，就相当于杀了自己，这就是度量。

第四，欣赏同伴。团队氛围很大程度上取决于团队领导者对成员的态度，他是团队的信息源，从该源头传播的是和谐、欣赏的信息，整个团队都将处于良性互动状态之中，构成支撑团队凝聚力的基础和环境。美国著名心理学家詹姆士[①]有一句名言"人类本质中最殷切的需求是渴望被肯定"。《战国策》里也说道："士为知己者死，女为悦己者容。"[②]在这里分享一个关于苏东坡和佛印禅师的故事。

---

① 詹姆士是美国心理学之父，美国本土第一位哲学家和心理学家，也是教育学家、实用主义的倡导者，美国机能主义心理学派创始人之一、美国最早的实验心理学家之一，代表作有《心理学原理》。
② 语出自《战国策·赵策》。

苏东坡和佛印禅师打坐参禅,东坡觉得身心通畅。问道:"禅师!你看我坐的样子如何?""庄严,像一尊佛!"禅师反问东坡:"学士!你看我坐的样子如何?"东坡嘲曰:"像一堆牛粪!"其妹苏小妹得闻,笑着说:"哥哥!你又输了!禅师的心中高洁如佛,见你似佛;你心中污秽如粪,才见禅师像牛粪!"东坡哑然。

从这个故事中我们可以看出,欣赏他人是一种境界,也是领导者的一种能力和魅力。

第五,控制情绪。团队成员间的矛盾和冲突在所难免,团队领导者是团队内部矛盾的终极调和者,也是矛盾焦点所在。领导者在带团队的时候一定不能情绪化,人一旦情绪化,一旦失态,做出来的事会很蠢。所以,化解团队矛盾的根本在于管好自己的情绪,管好自己的心态。《六祖坛经》中有句话:

他非我不非,我非自有过,但自却非心,打除烦恼破。

这句话的意思是说别人做错了,自己不要跟着别人做错,你看见他做错了,自己跟着掺和了,也是错的,比如别人骂我,我不一定要骂回他一样,也没有必要跟他们一般见识,不敢生气是懦夫,不去生气才是智者。夫妻之间同样适合这个道理,一方错了,另一方应该原谅,以牙还牙,冤冤相报何时了。人不犯我,我不犯人,是一般人所能做到的。人若犯我,我不犯人,这就是不一般的人所能做到的境界。所以在禅宗里有一句话叫作"迷者境转,悟者转境"。它的意思就是说迷惑的人被环境所控制和左右;而开悟的人、境界高的人可以控制环境。作为一个管理者、团队的领导者,一定要能够控制住自己,进而控制住整个局面。在这分享一个著名的例子供大家阅读:

东坡居士做了一首诗偈,叫书童乘船从江北送到江南,呈给金山寺的佛印禅师，偈云："稽首天中天，毫光照大千，八风吹不动，端坐紫金莲。"禅师看后，即批"放屁"二字，嘱书童携回。东坡一见大怒，立即乘船过江责问禅师，禅师对曰："你既已八风吹不动，怎么一屁打过江来？"东坡一听，默然无语。

> **引申出的学习方法或问题讨论（10-2）**
>
> "财聚人散、财散人聚"归属于哪个凝聚力影响因子？运用激励理论论述其合理性。

第十一讲

高层管理团队统御之道

教学目标

- 领悟高层管理团队统御要旨
- 理解高层管理团队建设的信任基础、认知能力和冲突消减的作用机理

创新性教学提示

- 引领读者从思想理念和哲学层面思考解决问题的方法
- 引领读者从领导者思维方法角度观察和分析管理尤其是人力资源管理问题

本讲纲要

本讲旨在解决诸多企业家人力资源管理操作中统御核心团队的"心病"。讲解构建良好信任基础、提升认知能力、设置有效冲突削减机制等团队建设基本思想和操作方法，通过实例重点从明辨是非、知人明己、权责分明、各守其道、心性相通和正心御人六个方面解析了领导者统御高层管理团队的方法。

第十讲我们讲述了团队的凝聚力以及分析了凝聚力影响因素，本讲着重讲解高层管理团队的统御之道，实际上，这是人力资源管理的另一项非常重要的内容——从操作层面上来处理人力资源管理的具体问题。

企业家通常都有一个关于如何统御团队的困惑。对某些核心层的团队成员，既爱又恨。爱的是他们的工作能力为企业带来的贡献；恨的是他们有时的叛逆狂妄和不听指挥。因此，如何与这样的团队成员相处，如何统领驾驭这样的团队成了很多企业家的心病。

高层管理团队的内涵

高层管理团队有很多定义，我们在此选择"高层梯队理论"创立者Hambrick et al.（1984）所建立的概念：由处于组织顶层最有影响力的经理主管人员组成的一个小团队。高层管理团队在形成公司战略和作出结构性反应方面的具体能力被看作是"组织应对当今商业环境中日益增长的复杂性的有效途径"，也就是说高层管理团队的能力对整个组织的影响非常的大，它构成了组织发展的重要能力。

高层管理团队关系模型

接下来，我们来了解高层管理团队的关系模型（如图11-1所示）。从图11-1中可以看出，该模型中有三个变量，分别是前因变量、过程变量和结果变量。前因变量包括成员的年龄、教育水平、工作年限等人口学特征，相当于对团队的诸多相关因素进行分析，然后通过决策过程、团队沟通以及团队冲突解决等过程变量决定输出结果（其中环境变量在一定程度上影响着过程变量）。输出结果是企业的利润、创新的水平和质量、企业成长、战略选择、战略一致性、成员对TMT的满意度、决策质量等。

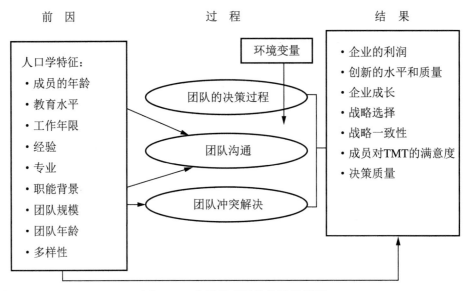

图 11-1　高层管理团队的关系模型

高层管理团队建设三要素

理解了高层管理团队前因、过程和结果关系模型之后,我们回过头来思考一个问题——高层管理团队的建设。本部分分别从构建良好的信任基础、提升认知能力,以及形成有效的冲突削减机制三个维度来讨论如何建设好高层管理团队。

(一)构建良好的信任基础

Lewicki et al. 把信任按照发展的阶段分为谋算型信任、知识型信任和认同型信任。

从图 11-2 中可以看出,信任在一个团队中有三个发展阶段:第一个阶段是谋算型信任发展;第二个阶段是知识型信任发展;第三个阶段是认同型信任发展。不同阶段表现出的特质存在差异,而当我们了解了它的内在规律后,就可知道如何处理团队不同阶段的矛盾以及互动心理过程特征,以此推动它的良性发展。

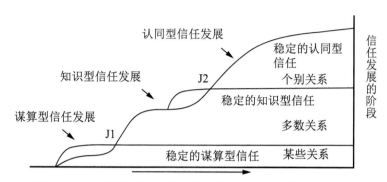

J1：在此点上，一些谋算型信任关系转变为知识型信任关系
J2：在此点上，呈现积极效果的为数不多的知识型信任发展为认同型信任关系

图 11-2　信任发展阶段图

（1）谋算型信任发展阶段。我们可将它的心理过程理解为动机过程，在该过程中，也就是团队成员刚刚相处时，大家都互相试探对方的人品，揣测对方的能力，面对这样的状况，大家都会尽量向对方表达诚意以及展示自己的能力。所以，在该阶段，一般情况下不会有太多矛盾，大家都会谨慎相处。

（2）知识型信任发展阶段。它的心理过程是一个认知过程，这个时候的信任感知是什么呢？大家开始了解被信任者的人品并逐渐认识被信任者的能力。所以，这个时候大家都尽可能地向其他成员显示人品并证明自己的能力。那么在该阶段，可能就会出现不认可对方的情况，这时团队慢慢滋生一些矛盾和冲突。

（3）认同型信任发展阶段。该阶段的心理过程称为情感过程，大家逐渐欣赏被信任者的人品，认同被信任者的能力。团队进入到这个阶段，团队成员就会对其他成员善意相助并进行信任投资，大家会有意识地取得更深的信任。认同型阶段是发展团队最适宜的一个阶段，所以建立高层管理团队良好的信任基础需根据该阶段的发展来把握规律。

了解了不同信任阶段的互动心理特征（表 11-1）之后，我们不禁思考不同信任阶段的管理措施是什么？在谋算型阶段，整个团队的特点是猜测怀疑、谨慎防备，所以该阶段要求整个团队改善互动，通过示诚防止不信任。在知识型阶段，团队成员之间的不熟悉可能误导对其他团队成员的认知，所以该阶段需要增进了解，通过沟通加强信任。到了认同型阶段，整个团队的特点就是理解认同、互助相容，所以该阶段需要提升情感，通过情感投资、互利合作巩固信任。所以说，团队领导要把准不同阶段特质，防止不信任比增强信任更重要。

表 11-1 不同信任阶段的互动心理过程特征

信任阶段	心理过程	信任互动	
		信任感知	信任表达
谋算型阶段	动机过程	试探被信任者人品	向其他成员表达诚意
		揣测被信任者能力	向其他成员展现能力
知识型阶段	认知过程	了解被信任者人品	向其他成员显示人品
		认识被信任者能力	向其他成员证明能力
认同型阶段	情感过程	欣赏被信任者人品	对其他成员善意相助
		认同被信任者能力	对其他成员信任投资

> **引申出的学习方法或问题讨论（11-1）**
>
> 课堂体验式研讨交流：请同学们根据自己的切身经历，分享进入一个团队三个不同的阶段时的心理体会（例如，一个班级或一个宿舍从初步相处到高度认同的过程与感受）。

（二）提升认知能力

高层管理团队的认知能力是指高层管理团队能够从纷繁复杂的环境中辨识出对战略决策有用的信息并将其运用于战略决策中的能力，以及在外部环境发生变化时调适战略的能力。认知能力是高层管理团队一个非常重要的能力。它分为两种：一种是认知辨识能力；另一种是认知调适能力。

认知辨识能力是指团队成员能够从纷繁复杂的环境中辨识出对战略决策有用的信息，并运用于战略决策中的能力。认知辨识能力对有效地达成战略决策具有至关重要的作用。

认知调适能力是指团队成员在外部环境发生变化或由于客观情况发生改变时，调整、改变、高效执行战略的能力。当高层管理团队制定战略并实施时，可能由于种种因素的影响，需要对战略进行调适。

关于这两种能力的研究是比较丰富的。研究发现，认知异质性和团队凝聚力有助于认知辨识能力的提升，而沟通和相互信任有助于认知调适能力的增强。所以，从这两个角度来看，第一，组建团队时应尽量保持成员的差异性，差异越大，他们的特质异质性越强，这有利于不同思想间的碰撞，从而提高认知辨识能力。但是这时又会引发矛盾以及造成团队难于统一等问题，所以需要另外一种能力，即凝聚力来化解矛盾。第二，团队成员间应加强沟通、增强互信，构建良好的信任基础，并及时地加以沟通。

图 11-3 为高层管理团队认知能力二维组合模型图。以认知调适能力为横轴，以认知辨识能力为纵轴的二维组合模型将认知能力划分为四大部分，其中"协调"是我们所期望的状态，而此时认知辨识能力和调试能力都处于高水平状态。因此，维持信任、加强沟通能够推动认知能力趋向协调状态，这是提升高层管理团队认知能力的重要措施。

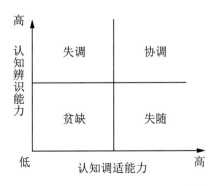

图 11-3 高层管理团队认知能力二维组合模型图

> **引申出的学习方法或问题讨论（11-2）**
>
> 　　某IT企业是南方某省发展较快，颇具影响的一家IT公司。2001年，我们组成一个项目小组进驻该公司协助提升高层管理团队的能力和运作效率。董事长告知，公司的九名高层管理团队成员各有个性，很难达成一致意见，哪怕是上餐馆点菜意见都未统一过。
>
> 　　项目组分析发现，该公司九名高层管理团队成员全部是软件研究与开发背景，不仅同质性极强，而且每个人都习惯于自己一头扎进电脑里开展自己的研发工作，平常没有任何规范有效的沟通机制，每个人都不太擅长沟通，开会时彼此之间缺乏"接口"，各自按自己的思路与逻辑表达和思考，很难达成共识。如何解决该团队面临的问题呢？

（三）形成有效的冲突削减机制

　　冲突是团队各成员因不相容目标而相互竞争的状态，冲突起始于参与者觉察到他人侵害或准备侵害自身利益而出现不相容、不调和或不一致的一种互动历程。冲突有两种类型：认知冲突和情绪冲突。认知冲突指的是成员在其认知发展过程中原有的概念或认知结构与现实环境的不相符而在心理上所产生的冲突；情绪冲突指的是成员由于外部客观环境或主观内心活动的刺激所产生的较为强烈的态度体验而导致的冲突。其实，从字面上就可以理解这两者之间的差异。认知冲突是认知偏差引起的冲突；情绪冲突是心理感受方面的冲突。

　　研究发现，认知冲突与团队凝聚力正相关，情感冲突与团队凝聚力负相关。认知冲突与情绪冲突通常相伴而生，许多情绪冲突来源于对认知冲突的误解，情绪冲突不仅削弱了决策质量和成员间的理解，而且降低了成员的满意感，伤害了成员之间的感情，导致团队效能低下。可见，需要削减的冲突类型主要是情绪冲突。要通过构建信任基础，提升团队的认知能力，并设置规范有效的沟通机制确保情绪冲突程度受控。

许多日本企业在公司设置宣泄室，内置公司董事长或主要高管的橡皮人，供员工打击宣泄使用；有些企业让资深退休高管担任宣泄顾问，接待倾诉，承担沟通和疏导职能。

人的情绪有时需要适当地发泄出来，这样才有利于保持良好的心态面对工作。我记得在讲解人力资源管理发展脉络的时候，讲到过霍桑实验，霍桑实验当时就是参照员工访谈提出的意见进而提高了工作效率。另外，在高层团队建设时，要学会疏导别人。当然，大部分高层管理团队成员的自我调适力比较强，但仍可设置一些机制让他们能够自由沟通。我曾经给一些企业提过建议，当新员工入职后，应增加正式沟通之外的一些非正式沟通，帮助他们尽快地将心理状态和工作状态调整到最佳。

领导者统御高层管理团队六原则

团队领导者是高层团队的晶核，也是团队统御的原点。如何进行统御，这是高层团队管理建设的关键之关键。这里列举了六条原则：①明辨是非；②知人明己；③权责分明；④各守其道；⑤心性相通；⑥正心御人，如图11-4所示。

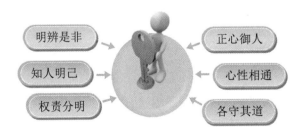

图11-4　领导者统御高层管理团队六原则

（一）明辨是非

我这里引用了几句古语，"不审不聪则缪""不察不明则过"①，这说明获取外界信息是非常重要的。"是其所谓非，非其所谓是，此之谓大惑"②，意为把是当成了非，把非当成了是，那就是大惑了。所以明辨是非是领导者正确决断的基点，也是领导者有效统御团队的首要条件，但常常也是领导者统御团队中最常见的失误。

有人群即有是非，有利益便有争执，这是事理，不可回避。那领导者如何才能有效统御团队呢？关键在于领导者如何处置好是非，把准事物的发展方向，弃恶扬善，彰显正气。唐太宗曾说过："君犹器也，人犹水也，方圆在于器，不在于水"③。这句话比较容易理解，核心领导者自己的心境和状态是最关键的，领导者"明"是根本，只有"己"明，才能"事"明，才能在每一个微观细节上处置得当，使团队成员的思维和行为受到合理的约束和及时的引导，这样才能使团队处于一种良性运行的状态，维持好团队的良好氛围，保证团队的和谐高效。

只要有人就有是非，对每个人来说，妥善处置是非都是人生的重要课题，企业家作为一个组织的领袖，正确处置是非显得尤为重要。我曾经在博客中写过一篇文章，其中引用了《六祖坛经》的一段话：

若真修道人，不见世间过。若见他人非，自非却是左。他非我不非，我非自有过。但自却非心，打除烦恼破。

企业家无论是面对外部矛盾还是面对内部管理人员，最重要的一点就是要"但自却非心"，不要受情绪、受是非影响，以超然的心境来处理矛盾，才能达到

---

① 语出自《管子》。
② 语出自《吕氏春秋·音初》。
③ 语出自《贞观政要》。

佳境。

但是企业家也是人，有个人的偏好、有感情、有友情、有亲疏、有七情六欲，这些都会影响企业家处理是非的心境和态度，我们不能期望完全摆脱这些因素的影响，那是圣人、真人或者成佛得道者的境界，不是每个凡夫所能为的，但企业家也不完全是普通人，因为他们的责任毕竟不那么"普通"，必须尽量超越情绪的影响，增加处事的理性程度，实际上也就会增加处事的准确性和科学性。超越是非是一个持久的过程，也是考验企业家境界的日常功课，需要天天面对，事事警醒。

（二）知人明己

"知人"才能"善任"，领导者必须对高层管理团队的每个成员能力、个性、优点、缺点了然于胸，才能运用自如，统御有效。"知人"的前提在于"明己"，"自知者明"，"自知"即"明己"，"自知"才是明白人，才能够达到"知人"之效。

任何一个领导者想要统御团队，首先要做到对团队的每个成员都非常熟悉，只有做到这一点领导者才谈得上能够统御团队，而且领导者必须明晰团队成员之间的搭配效果。

有时候，有学生说我是位"名师"。其实，我对于名师兴趣不大，倒是想努力想做"明师"。肯定有同学说，老师别太谦虚了。实际上这不是谦虚，而是骄傲。要想做出名的师傅，特别容易，今天放火，明天抢劫，立马就"出名"了。但是要做到"明师"，那真是不容易。同样，作为一个明白的核心领导者，颇为不易，而这又是非常重要的。我们来看看唐太宗是怎么做明君的。"以铜为鉴，可正衣冠；以古为鉴，可知兴替；以人为鉴，可明得失"[①]。意为作为管理者要多

[①] 语出自《宋·欧阳修、宋祁·新唐书·卷一一零·列传第二十二魏徵》。

借鉴，见贤思齐，见过省己。

其实，从经济学角度分析，无论是企业家还是政府官员，乃至具有相当权威的学者，因为位尊和资源的控制而能影响他人利益得失和命运发展，必然会导致人际交往中信息失真。领导者对下属了解的信息缺损和信息不对称是常态，加上认知的偏差和其他人性的弱点，做到知人明己确实很难。任何领导者都应尽量做到"知人明己"，尽量避免由此产生的重要失误。

（三）权责分明

管理层级十分重要，权责对等是管理的基本原则。一个组织体系能够有效运行是建立在一个规范的权责分工上的，一个团队的和谐合作与有效运转是建立在团队成员权责清晰合理的基础之上。权责分明常常会被领导者自己破坏，而结果就是核心团队内部权责不明，造成混乱，降低效能。

在一个团队中，最常见的问题就是权力过于集中在核心领导手上。团队成员不知道自己该干什么，想出力却使不上。所以，领导者辛苦在"演戏"，团队成员在台下无聊"看戏"。

针对这一现象，首先，领导者必须为团队成员界定好清晰的权责边界。管理如同其他事物一样，边界模糊是最容易出现的权责不明的问题之一。领导者与下属、团队成员之间工作任务边界不清是造成团队摩擦的重要原因。边界问题只能由核心领导者来划定和裁决。领导者尤其是自己要准确界定好自己和下属的边界，做到君有君道，臣有臣道，各行其道，这是团队和谐高效的根本保障。其次，领导者要为团队成员界定合理的"空间"。领导者需要审时度势，根据组织的发展状况和资源状况，准确把握每个团队成员的能力和特质，将他们放在合适的位置，给予合理的"空间"，支持他们发挥才能，在推动组织目标实现的同时，实现自我价值。"空间"就是合理的组织地位和相应的资源和权力配置。合理的空间常常在领导者和成员之间存在认知的偏差，需精准把握，这是一个难题。

(四)各守其道

秩序和规则是组织赖以运转的基础,领导者必须协助高层管理团队成员强化角色意识,尊重角色行为规则,保证团队整体效能最优。"为人君者,修官上之道,而不言其中;为人臣者,比官中之事,而不言其外"①。每个人都有自己的规则,每个职位也都有职位的规则。所以我们古人讲礼,"故人无礼则不生,事无礼则不成,国家无礼则不宁"②。团队如果没有很好的规则秩序,它就会很混乱,也不得安宁。

某新材料企业是近几年快速成长起来的一家中型企业,其高管七个人是随着公司共同成长起来的元老,董事长为团队内耗严重、效能下降而苦恼。当时董事长找到我,我们的项目组进入企业后发现,团队内部分工变化太快,组织职能、运行规则不明确,角色错位现象严重,这是导致内部矛盾冲突和效率下降的主要原因。而根本原因就是领导者自身角色意识淡薄,工作中不管权责分工,基本上是按着初期的个人统管的方式,事无巨细,什么都去管。团队成员则是无所适从。项目组理顺了企业家和团队成员的权责分工,重新设计了该企业的权责体系,构建了明晰的决策流程,在此基础上,还为该企业家特别设计了专门的培训计划,帮助其转换观念,强化组织意识,掌握权责分工运行技术。

> **引申出的学习方法或问题讨论(11-3)**
>
> 辨析孔子"不在其位、不谋其政"和"团队互助协作"思想的冲突和关系。

---

① 语出自《管子》。
② 语出自《荀子·修身》。

(五)心性相通

团队成员相处合作的最高境界是心性相通,心性默契相处就能达到最高的运行效率和团队效能最佳的状态。在这里我引用了几句话,"君之视臣如手足,则臣视君如腹心;君之视臣如犬马,则臣视君如国人;君之视臣如土芥,则臣视君如寇仇"[①]。也就是说,团队核心统领者视团队成员如手足,团队成员就会视领导者如腹心,大家血脉相关,心心相印,这才最好。但这个问题的原点就在于如何把自己的心做好。"上德不德,是以有德;下德不失德,是以无德。上德无为而无以为;下德无为而有以为"[②]。上德,就是最好的德,是人感觉不到的德,而下德的意思是不失德。

得人心者得天下,得人心者得团队。核心领导者应努力追求与团队每一个成员相知、相应与相通,这是统御团队的上乘境界。心性相通的主控制点是领导者,操作的要点是以心换心,以心待人;领导者自己的心态和境界成为根本之根本。

(六)正心御人

领导者正心驾驭团队,能使团队沟通协调最有效,交易成本最低,能培植和积聚团队正气,能提升团队成员的幸福指数和工作、生活价值。工作生活质量是评价人力资源管理的一个专门的指标,是企业持久健康成长的根本保障。这里引用唐太宗的一句话,"流水清浊,在其源也。君者政源,人庶犹水,君自为诈,欲臣下行直,是犹源浊而望水清,理不可得"[③]。如果将君喻为"水源",那么臣民就是"流水"。只有水源是清的,水才可能是清澈的。

组织越大,权位越高,正心之"正"越重要。犹如楼宇,正心为基脚,基

[①] 语出自《孟子·离娄下》。
[②] 语出自《道德经》。
[③] 语出自《贞观政要》。

脚不正，高楼难成。正心的源头在领导者自身，核心领导者是团队高楼基脚之基脚。

有些企业家喜欢把下属团队成员当成眼线，喜欢听小报告，常常在下属甲面前评点下属乙，又在下属乙面前批评下属甲，在考查、使用和提拔团队成员过程中，带着不成熟的观点，与各相关团队成员不断交流……结果组织中是非不断，团队氛围恶化，团队成员之间关系紧张，企业家自己也陷入麻烦之中。

企业家要注意评估自己在人员使用和激励过程中的综合效应，保持最大程度的理性和超脱状态，尽可能依靠正常的工作渠道，凭着自身敏锐的眼光对团队成员行为和心态及相互之间的关系格局作出准确的判断，在获取信息和印证确认某些问题时，切忌利用团队成员之间的矛盾，切忌妄用心计，应"抛砖引玉"式地套取团队成员的观点。

第十二讲

治心——中国人力资源管理总枢

教学目标

- 掌握"心"对人的思维和行为的作用机理,进而掌握"心"对人力资源管理的影响机制
- 理解"儒""道""佛"关于"心"的不同内涵及其不同的"治心"方法
- 理解"治心"在现代人力资源管理应用思路和方法

创新性教学提示

- 引导读者从哲学层面思考管理问题
- 引领读者理解中国古代管理的"治心为本"思想
- 引导读者古为今用,借鉴古典智慧解决现实问题

本讲纲要

中国文化讲究圆满,按照中国文化"万物归一"的思想,本讲从治心的角度进行了统括与提升。首先,辨析了"心"对人思维/行为的作用机理;其次,分别从儒家之"心"、道家之"心"、佛家之"心"辨析了"心"的内涵,进而阐述了儒、道、佛三家的治心之道;最后,解析了"治心"在"体制转型""发展转型"人力资源管理问题的应用,剖析了"治心"对"仁"思想的调整和优化作用,分析了"治心"对当今中国人力资源管理中彰显"义",抑制"利"的有效作用,以及"治心"对"无为而治"的统御功能和对成长型企业瓶颈突破、对团队凝聚力提升、对高层管理团队统御等方面的作用方法。

第十二讲 治心——中国人力资源管理总枢

今天我给大家讲解本课程的最后一讲：治心——中国人力资源管理总枢。在这一讲中，我将本课程的全部内容归一。一是什么？一就是"心"。

▍"心"对人思维/行为的作用机理

"得人心者得天下""治人之本在治心"，这是中国人力资源管理的经典思想，这种思想是否能有效地被借鉴并用于当今人力资源管理的实务之中，需明晰其内涵，辨析其机理，并根据现代的管理特质开拓探索。《管子·心术下》中有一段话：

> 心安，是国安也；心治，是国治也。治也者心也，安也者心也。治心在于中，治言出于口，治事加于民，故功作而民从，则百姓治矣。

怎么做到治国？心安就国安，心治就国治；治也者心也，安也者心也，这是管子的思想。那"心"如何影响人？我在这里画了一个简单的四心图，如图 12-1 所示。

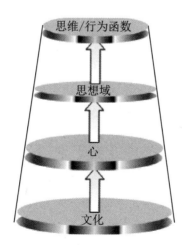

图 12-1 "心"对人思维、行为的作用机理

文化影响到"心"并且会对"心"产生作用，各种价值观念、价值体系作为一个约束函数会约束心的思维域。"心"会影响到每个人的思想，思想再来决定每个人的思维和行为函数，这就是一个基本的作用机理。比如说，我要动手，其实是心在指挥，那么"治心"在其中起到了关键的作用，这是人力资源管理的根本。

"心"的内涵

关于"心"的内涵，不同流派有不同的理解。

（一）儒家之"心"

我们先来看儒家之"心"。孟子的理解是：

"操则存，舍则亡；出入无时，莫知其乡，惟心之谓与"。[①]

当你去控制心的时候，它就在那儿；放开心，它就消失了。心的出入无时，不知其向，这就是心。

朱熹的理解是：

"心者，人之神明，所以具众理而应万事者也"。[②]

陆九渊在《象山全集》中说道：

---

① 语出自《孟子·告子上》。
② 语出自《孟子集注卷十三》。

宇宙内事，乃己分内事；己分内事，乃宇宙内事。

宇宙便是吾心，吾心即是宇宙。

陆九渊是"陆王心学"①中一个很重要的代表。他认为人的心和自然的心是相通的。庄子也讲到，心可以一下扬扬乎，心就融入了整个大宇宙；一收，心就回来了。陆九渊在《象山先生全集》中还讲道：

心，只是一个心。某之心，吾友之心，上而千百载圣贤之心，下而千百载复有一圣贤，其心亦只如此。

意思就是心都是相通的，它能跨越时空、跨越古今。

"中国人言心，非指脑，亦非指胸腔内之心，乃一抽象名词。人心相同，己之心，则必同于他人之心，并能同于古今后世人之心，又通于万物天地以为心"。

这是《中国文化与中国哲学》一书中，钱穆先生在"中国文化特质"中提出的观点，他认为人和自然的心是相通相融的。

（二）道家之"心"

道家之"心"的基础是道，其"心论"实质是"道论"之延展，也是其有机组成部分。

"故心者，形之主也，而神者，心之宝也；形劳而不休则蹶，精用而不已则

---

① "陆王心学"是由儒家学者陆九渊、王阳明发展出来的心学的简称，或直接称为"心学"。

竭，是故圣人贵而尊之，不敢越也"。①

"圣人无常心，以百姓心为心"。②

圣人没有固定的心，百姓的心都是他的心，这是很高的境界。我们再看《庄子·达生》里的一句话：

"忘足，履之适也；忘要，带之适也；知忘是非，心之适也"。

忘了脚，鞋子就合适了；忘了腰带，腰就舒服了；忘了是非，心就通达了。"道"是万物之本原、本根，亦是万物之本体，"道"在具体事物中的彰显，即是"德"，德内化于人，即为人之"心"。

（三）佛家之"心"

"心是诸法之本，心即总也"。

这是《妙法莲花经玄义》中智者大师③写的一句话。《大乘起信论》里面有一段关于心的理解：

心真如者。即是一法界大总相法门体，所谓心性不生不灭。一切诸法唯依妄念而有差别。若离妄念则无一切境界之相。

离了心，相也就没了。接下来大家来了解六祖慧能④编写的《六祖坛经》。

---

① 语出自《淮南子·精神洲》。
② 语出自《道德经·四十九章》。
③ 南朝陈、隋时代的一位高僧，世称智者大师，是中国天台宗的开宗祖师。
④ 六祖慧能，佛教禅宗祖师，得黄梅五组弘忍传授衣钵，继承东山法门，为禅宗第六组，世称禅宗六祖。

六祖慧能的《六祖坛经》比较通俗易懂。

我心自有佛，自佛是真佛。自若无佛心，何处求真佛？汝等自心是佛，更莫狐疑。故知万法尽在自心，何不从自心中顿见真如本性。①

见了真如本性，就成佛。《六祖坛经》中禅宗里有一句很有名的语句：

佛在灵山莫远求，灵山只在汝心头。人人有座灵山塔，好向灵山塔下修。

▌"治心"之道

了解了各学派对于"心"的理解，接下来我们来看各学派的"治心"之道。

（一）儒家"治心"之道

儒家是如何理解"治心"之道的呢？

恻隐之心，人皆有之；羞恶之心，人皆有之；恭敬之心，人皆有之；是非之心，人皆有之。恻隐之心，仁也；羞恶之心，义也；恭敬之心，礼也；是非之心，智也。

孟子为"仁、义、礼、智"找到了"四端"，皆源于人之"心"，"尽其心者，知其性也，知其性，则知天矣"②，从逻辑上将"人心""人性"与"天心"一以贯之，不仅为其伦理规范找到了依据，而且也为个人修养找到了通达的通道，将"天人合一"思想予以充分展现。据此，儒家的"仁、义、礼、智"就能够在

---

① 语出自《六祖坛经》。
② 语出自《孟子》。

"尊天法道"的逻辑下实施其教化和治理功能。大家有没有想过，每个人的心里面本来就具备仁、义、礼、智的品德，"端"就是源头的意思，因为有恻隐之心，所以有仁。之前讲过，当看到小孩掉到井里，不管是自己家的小孩还是别人家的小孩，你都会心疼并想着去救，这便是恻隐之心。恻隐之心人人都有，这与佛家的人人皆有佛性是相通的。

"人皆有不忍人之心，先王有不忍人之心，斯有不忍人之政矣"。[1]

这是儒家"心学"在治国上施"仁政"的理论依据，即以好的状态，以"仁"来得天下。大家都有不忍人之心，这就是儒家所讲的"己所不欲，勿施于人"。作为皇帝，承担的是治理天下，养育、教育百姓的职责，那他就应该施仁政。那么应该如何操作呢？《大学》里的一段话：

欲修其身者，先正其心；欲正其心者，先诚其意；欲诚其意者，先致其知；致知在格物，物格而后知至，知至而后意诚，意诚而后心正，心正而后身修，身修而后家齐，家齐而后国治，国治而后天下平。

这句话也就是说通过格物、致知、意诚来达到正心之效。所以，个人的修养功夫也基于修心，由此构建了从微观到宏观，从个人修养到治国平天下的运行体系，该体系依据人心、人性、天性、天心而成为一套严密的逻辑体系。

儒家的思想就更为精细。它怎么来"治心"呢？儒家从孔孟到宋明理学逐步精细和系统化，"治心"也逐步精确到不同人、不同角色、不同场合、不同对象的"心""行"规则上，"父慈、子孝""君仁、臣忠"等观念使社会中每个个体

---

[1] 语出自《孟子·章句》。

的心均处于文化的有效约束之下。做父亲对小孩要仁慈，做儿子要孝顺，做君要仁，做臣要忠，做主人要宽厚仁慈，做仆人要忠义。作为医生要有仁慈之心以及悬壶济世的医德，作为教师要有师德。每个人都有自己的规则，这就形成了一套精细的体系，给予心一定的约束。当它变成一个社会主流价值体系时，你若合乎它，"心"就会比较平和，也能得到社会大众的认可；你若违背它，就会受到很大的压力。当你合乎它时，大家都会很尊敬你；当你不合乎它时，就会受到很大的压力。微观有效约束，宏观运行有序，社会大系统的有序程度高、系统功能强大，这是中国古代社会得以有效治理，并能维持大一统体系的重要文化机理。

（二）道家"治心"之道

道家怎么来"治心"呢？道家"治心"是让人虚心。

> 是以圣人之治，虚其心，实其腹，弱其志，强其骨。常使民无知无欲。使夫智者不敢为也，为无为，则无不治。①

让人虚心，就是让人的心保持虚静。虚静之后，它就会接近于"道"的状态。大家还记得我讲的"无为而治"的内容吗？越虚就越接近无的境界。道家的心本来就是"道"在人身上的体现。所以，它就合乎了道，合乎了道，它就顺乎自然。遵循自然，就可以达到无为而无不为。那它的核心是什么呢？就是让人心简单，虚其心。五味令人口臭，五色令人目盲，五音令人耳聋②。五味、五色、五音扰乱人心，贪多不行。实际上，我们应该反过来讲，寡欲而清心。人寡欲清心之后就归于虚静，就能"使民无知无欲"，进而达到"无为无不治"的境界。道家"治心"非常注意防止人的欲望泛滥，通过"不尚贤""不贵难得之货"，而

---

①② 语出自《道德经》。

使民"不争""不为盗",为了使民心不乱,设法使人"不见可欲""不贵难得之货",即不争名夺利。比如大家费尽心思苦苦追求的宝石——海洋之心,其实它只是一块石头。寡欲之后,没有很多欲求,就不会有很多争执,这就是道家"治心"的办法。它是使民不争,使民心不乱,使人不见可欲,最后达到"治心"之效。

(三)佛家"治心"之道

诸菩萨摩诃萨,应如是生清静心,不应住色生心,不应住声香味触法生心,应无所住而生其心,是故,须菩提。①

这段话很重要,六祖慧能大师就是听了这段话,一下便开悟了,成佛了。大家看,怎么来"生清净心""不应住色生心"?色即是我们看到的有形的世界,人们不应受看到的东西的影响,因为按照佛家的说法,我们看到的一切是空,即我们看到的都是假的。"不应住色之外、不应住声香味触法,应无所住生其心",即回归到空灵的状态。所以,佛家的"治心"依靠"心无挂碍""无受想行识""无眼耳鼻舌身意",使心达到"空灵"的"无所往"的本真状态,即"如如之心",最后连"治心""修心"的障碍也要彻底破除,回归本来就是"治心"之终极目标。所以,佛家叫作"如来","如来"就是如本来。

当然,佛家也设置了诸多可操作路径,帮助完成"治心""修心",通过"布施"破除人的悭贪心(就是去掉舍不得、贪婪的心),通过"持戒"断除人的恶念、恶行、恶语,通过"忍辱"断绝人的瞋恚心,通过"精进"对治懈怠心,通过"禅定"消除散乱心,通过"智慧"驱除人的愚痴心(无明),通过慈悲喜舍,使人突破自我障碍,达到与"他"(其他生命体)的融合,在"利他"中使自我心性升华,最终达到"人心"和"天心"的完全统一。这就是佛家的"修心",

---

① 语出自《金刚经》。

它是个人的微观的心完全重新回归到大自然，与大自然融为一体。这就是归一的"心"，即涅槃。佛家的涅槃是什么意思？涅槃不是死，涅是不生，槃是不灭，涅槃就是不生不灭。怎样才能不生不灭？它本来就没有差别，当它们完全融通到一起，就谈不上生和灭了。

不知大家有没有读过李安纲教授编写的《〈西游记〉奥义书》这套书？在书中，李安纲教授用佛家的道理分别讲述了孙悟空、猪八戒、沙和尚和唐僧四人。孙悟空，"心"悟空，"孙"，用的是"心"的谐音。而且这颗"心"还悟空了，即达到空的境界。所以，孙悟空的整个特点就是一颗心的特点，心猿意马，一个跟头十万八千里，可以通天入地。孙悟空的耳朵里放了一根定海神针，为什么？佛家念经是念给自己听，念经咒的目的就是将自己的心定下来，这就是把心给定准了。因为猪八戒什么都不戒，所以要它戒。不瞋恚、不贪色、不好财，这些东西都要把它戒掉。沙和尚，和，要和谐，与大自然和谐相处，同一切事物和谐相处；尚是好的意思。最后就得到唐僧，要得到正果。正果如何得到？要历经十万八千里，九九八十一难。综上所述，佛家的"治心"之道实际上是通过戒、布施、忍辱、精进、禅定及智慧来达到。

▍"治心"的人力资源管理应用探讨

接下来，我们运用"治心"的思想将前面讲解的内容进行总括。

（一）"治心"在"体制转型"人力资源管理问题上的应用

体制转型最大的问题是什么？中国从计划经济向市场经济体制转型的过程，实质上是逐步承认利益诉求、逐步释放利欲，逐步完善利益机制，培育发展人力资源市场机制的过程。在这个过程中，我们遵循了人的生物属性，但是有个问题，人的社会属性受到了影响，即在经济利益满足的同时，人的社会关系需求受到伤害。需培育、彰显人的良知，强化人的和谐共处意识，约束个体利益冲动，强化群体利益需求，调治人心，实现社会经济和谐并持续发展。

（二）"治心"在"发展转型"人力资源管理问题上的应用

中国处在农业经济发展进入工业经济转型时期，主要的人力资源管理问题源于人际关系模式转换带来的冲突和矛盾。应该从文化层面以及主流价值体系上抑制极端的个体思想、强化群体意识，引导社会成员在自我价值实现上，由外转内，关注内在修养价值，淡化物欲价值影响力，强化角色价值和角色责任意识；在制度设计层面，关注长期性和稳定性，尽量削减不确定性；在分配模式上，尽量削减贫富悬殊，对高收入阶层强化其社会职责和公共成本分摊，对低收入阶层，多设置发展和超越激励、扶持制度。

（三）"治心"对"仁"思想的调整和优化

我们已经讨论过儒家的仁学，那么"治心"对"仁"起什么调节作用以及会产生什么样的影响？

"仁"的思想沉淀深厚，是深度影响中国人思维和行为的文化因素。在高动态中国经济和社会发展背景之下，由于人际冲突激烈，社会和组织系统功能问题突显，应有意识地培育"仁"的思想以充分发挥"仁"的调和功能；可进一步从"天人合一"的思想源头，运用系统论的方法强调"仁"对整体和单个个体的有益功能，强调"存仁""修仁"的内心调和和心灵慰藉功能，从自我价值层面上，帮助个体构建"求仁"的内在动力机制，以"治心"来推动"修仁"，从微观推进宏观社会的和谐。

（四）"治心"彰显"义"，抑制"利"的负面影响

我在讲管理操作问题的时候，说过要高举"义"的旗帜，但同时要尊重"利"。然而在现实生活中，我们常常发现大家对"义"没兴趣，只对"利"感

兴趣。所以，一方面要有效运用"利"的激励动力，同时有效培育"义"、抑制"利"的负面影响，这是管理者永恒的管理难题。"逐利"的刚性特征和"尚义"的柔性特征决定"义"的培育非常不易，不得其法往往难得实效，关键是要理解"人心""人性"，必须从心性上把握，参照儒家"尽其心、知其性"的"修心"思想，帮助管理对象不断祛除私利之心，提升"义"的水准，达到团队整体效能不断优化之效。人是可以教育好的，人的这种"义"、社会公益及社会责任的思想需要有意识地去培育它。只有通过"治心"才能较大幅度地提升"义"的水准，达到"彰显"之实效。

（五）"治心"对"无为而治"的统御功能

"无为而治"重在"无为"，必须"明道"才能"循道"，许多管理者因不"明道"，而无法到达"循道而治"之境。从操作实效看，必须提供企业家有效的"明道"之法，才有可能实现其"无为而治"，"修心""治心"以提高企业家心境水平，这是实现"无为而治"的重要前提。

按照道家的思想，关键是要让企业家朋友不为"五色"[①]"五音"[②]"五味"[③]扰乱其心性，保持超脱、清净、宁和的心态，正如孔明所说的"宁静以致远、淡泊以明志"，这需要企业家对自己的"心""身"进行有效管控。按照佛家的方法，则应该防止企业家陷入贪婪、嗔恚和痴迷的状态，应时时保持自心的空灵、慧照，这同样需要企业家高度的自我身心修养水准。所以，我在这里写了一句话：

"无为而治"关键在"明道"，"明道"之本在"明心"。

[①] 五色泛指各种颜色。
[②] 五音亦称五声，指 中国五声音阶中的宫、商、角、徵、羽五个音级。
[③] 五味指酸、甜、苦、辣、咸五种味道。

(六)"治心"对成长型企业瓶颈突破的作用

圣吉①的改善心智模式②(Improving Mental Models)就是一种西式的"修心""治心"之法,可借鉴儒、道、佛三家"治心""修心"技法,帮助企业家超越自我。我在前面讲过,成长型企业核心的瓶颈是企业家要突破自己的理念观念。所以我经常说企业家是企业最大的成功因子,但也是最大的"恐怖分子",因为他最有能力阻碍企业发展。那如何让他不阻碍企业的发展?可以借鉴儒家的思想提高他的心境和学养,这也是如今国学堂和一些禅修营很受欢迎的原因。

(七)"治心"对团队凝聚力提升的影响

团队凝聚力的核心在"聚心",必须在"心"的层面上统领和把握,才能"一览众山小",保证团队凝聚力的各种方法有效可行。

(八)"治心"对高层管理团队统御的作用

团队的信任的根本在"心",团队认知调适的关键也是"心",团队冲突化解的控制阀是"心","调心"是团队建设之本。

团队统御的根本是"御心",所有团队统御六原则都归属于"心",以"治心"为本。

引申出的学习方法或问题讨论(12-1)

如何运用"治心"之法来"修心",以提升自我素养?有人说"修心"伴随着整个人的整个人生过程,你的观点如何?

---

① 圣吉,美国麻省理工大学斯隆管理学院资深教授,国际组织学习协会创始人、主席,是学习型组织之父,当代最杰出的新管理大师之一。
② 学习型组织"五项修炼"之一。五项修炼分别为自我超越、改善心智模式、建立共同愿景、团队学习和系统思考。

参 考 文 献

程竺，2004. 走向第二轴心时代的跨文化研究 [J]. 浙江大学学报（人文社会科学版）（06）：33-40.

代吉林，张支南，2010. 家族企业成长困境与解决机制探析：基于家族逻辑和企业逻辑视角 [J]. 外国经济与管理，32（11）：60-67.

德鲁克，2018. 管理的实践 [M]. 齐若兰，译. 北京：机械工业出版社.

邓靖松，刘小平，2008. 企业高层管理团队的信任过程与信任管理 [J]. 科学学与科学技术管理（03）：174-177.

傅佩荣，2011. 我读《老子》[M]. 北京：北京理工大学出版社.

葛玉辉，陈倩，2011. 高层管理团队认知能力二维组合模型研究 [J]. 科技进步与对策，28（08）：142-146.

管凯，2009. 经济转型时期我国企业绩效的影响因素及战略选择 [D]. 合肥：中国科学技术大学.

国务院发展研究中心课题组，2011. 中小企业发展：新环境·新问题·新对策 [M]. 北京：中国发展出版社.

霍尔，2010. 超越文化 [M]. 何道宽，译. 北京：北京大学出版社.

季羡林，1993. "天人合一"新解 [J]. 传统文化与现代化（01）：9-16.

李山，2016. 管子 [M]. 北京：中华书局.

厉以宁，2010. 超越市场与超越政府：论道德力量在经济中的作用 [M]. 北京：经济科学出版社.

厉以宁，1996. 转型发展理论 [M]. 北京：同心出版社.

林毅夫，2012. 中国经济专题 [M].2 版. 北京：北京大学出版社.

饶尚宽，2018. 老子 [M]. 北京：中华书局.

任继愈，2010. 中华五千年的历史经验：任继愈讲演集 [M]. 北京：人民日报出版社.

圣吉，2003. 第五项修炼：学习型组织的艺术与实务 [M]. 郭进隆，译. 上海：上海三联书店.

泰勒，1984. 科学管理原理 [M]. 胡隆昶，冼子思，曹丽顺，译. 北京：中国社会科学出版社.

万俊人，2003. 义利之间：现代经济伦理十一讲 [M]. 北京：团结出版社．

邬爱其，贾生华，曲波，2003. 企业持续成长决定因素理论综述 [J]. 外国经济与管理（05）：13-18.

徐淑英，刘忠明，2004. 中国企业管理的前沿研究 [M]. 北京大学光华管理学院组织管理系2001级硕士研究生，译．北京：北京大学出版社．

徐文明，2010. 六祖坛经 [M]. 中州古籍出版社．

颜爱民，2010."义"、"利"元规则分析及其在人力资源管理中的应用 [J]. 管理学家（学术版）（01）：62-68.

颜爱民，张夏然，2011. 道家"无为而治"思想及其在现代企业人力资源管理中的应用研究 [J]. 管理学报，8（07）：954-958+1003.

颜爱民，2007. 企业文化基因及其识别实证研究 [J]. 湖南师范大学自然科学学报（01）：119-124.

颜爱民，方勤敏，2011. 人力资源管理 [M]. 2版．北京：北京大学出版社．

颜爱民，2010. 人力资源管理经济分析 [M]. 北京：北京大学出版社．

颜爱民，刘媛，张敬军，2007. 儒家文化蕴涵的人力资源管理思想及其现实影响 [J]. 湖南大学学报（社会科学版）（06）：122-125.

颜爱民，2010. 长寿·夭折·涅槃：文化视角下的中国企业管理 [M]. 上海：复旦大学出版社．

颜爱民，2010. 中国企业人力资源管理诊断与优化：全真案例解析 [M]. 长沙：湖南科学技术出版社．

伊万切维奇，科诺帕斯克，2015. 人力资源管理（原书第12版）[M]. 赵曙明，程德俊，译．北京：机械工业出版社．

衣俊卿，2015. 文化哲学十五讲 [M].2版．北京：北京大学出版社．

张良久，周晓东，2006. 高层管理团队冲突：一个动态的分析模型 [J]. 软科学（03）：69-71+85.

赵璐，2007. 中国近代义利观研究 [M]. 北京：中国社会科学出版社．